讓品德成為你的即戰力

星雲大師的處世之道

星雲大師——著

推薦語

「哲人日已遠，典型在夙昔」，星雲大師一生弘揚佛法、推廣教育，尤其重視品格教育。大師曾說過：「不一定要會讀書，但要會做人。」他期待我們做一個與人為善、和而不流、見賢思齊的人。在本書中，大師以自己的生命故事與人生體驗，闡述待人處事的道理。大師的處世智慧值得我們用一輩子的時間學習。

——蔡其瑞／寶成國際集團創辦人

星雲大師一生弘法，度人無數，更常以簡單的文字闡述深奧的佛法，直指人心、醍醐灌頂，有如混濁塵世中的一盞明燈，鼓勵迷失的心靈。本書《讓品德成為你的即戰力：星雲大師的處世之道》更能讓每位讀者誠實的面對自己，從心出發，值得再三捧讀、細細體會。

——張虔生／日月光投控董事長

曾在書上看過一句話：「學攝影，不要先學批評。」豈止攝影，世間千百事物都勿「先學批評」，如星雲大師所示「學習他人智慧，審視自己」、「善良才是真正財富」，更讓品德成為生命中最大的喜樂與財富！人人都以星雲大師箴言去實踐，不僅開啟眾生智慧，更領悟了世間極致的哲理。

——戴勝益／王品集團創辦人暨益品書屋創辦人

CONTENTS

貳

改變自己的心態，校正視角

CONTENTS

參

誠實地面對自己，從心出發

做人七品

生而為人不能沒有「品」，沒有「品」，生活就會與現實脫節，就會與良心相違背。人品是開展個人生命價值的關鍵，有品勝過有學，有德勝過有才，所以做人要有品格，做事要有品質，生活要有品味，有「品」才能彰顯處世態度的合理性、道德性，才能創造生活的多樣性。

一般人在日常生活中，大多只重視所謂的民生必需品、健康補給品，甚至有各種的醫療備用品等等。其實，在人生的另一個精神層次上，尤其需要有各種「營養品」，例如：

一、**禮貌是必需品**：有的人言行舉止總是莽莽撞撞、冒冒失失，弄得人家難以忍受，還自以為是無拘無束、瀟脫自在，殊不知這是無知、幼稚的行為，所以禮貌是做人的必需品，有禮才能讓人又敬又愛。

二、**信仰是補給品**：人在世間生活，不論工作上、家庭裡、朋友間，多多少少都會有壓力、有誤會、有難解之處。這時候精神力量的提起便顯得格外重要，而信仰就是內心最好的補給品。正當的信仰不但有利身心發展，並能開發正確觀念。

三、**能力是備用品**：所謂能力，會煮菜、會寫作、會畫畫、會行政、會策畫、會講說，甚至會解圍、有創意、懂研究，都是能力。一個人寧可有能力，備而不用，但不能沒能力，致使要用時卻使不上力。

四、**不守信用是違禁品**：一個人沒有金錢、沒有地位，都不是什麼大不了的事，但是一個人如果失去了信用，即使賺了大錢，那也是一時的，往後就是花上千金也買不回來。所以，信用是人們最大的資產，萬萬不可失去。

五、**不耐煩是半成品**：養成耐煩的性格才能勝任大事。有的人對人講話不耐煩，造成彼此嫌隙；有的人做事不耐煩，最後功虧一簣；有的人耐不住一口氣，弄得前功盡棄。所以，做人要有恆常心，切莫急於一時。

六、**瞋心是毒品**：根據醫學研究，人若經常動肝火，體內容易產生毒素，久而久之，毒素沒有排出，就會惹病上身，所以做人切忌瞋心動怒，才能長保健康。

七、好名是裝飾品：名氣若是經過個人努力所得，繼而藉此名位幫助更多人，並非不好；但是如果只是沽名釣譽、愛出風頭，如此好名就值得商榷了。好名的人，如同一個人只懂得化妝，卻不注重內在的修養；又好比一個人穿著華麗的衣服，內心卻充滿貪、瞋、愚痴，所以愛好虛名的人，其實是金玉其外，敗絮其中，更加令人不恥。

現代社會凡事都重視品質，產品品質越好，則經久耐用；同樣的，做人也要有品德，才能歷久不敗。一個人擁有再高的學歷、再多的學問，如果做人失敗，那也只能是表面的光榮，不值得歌詠讚歎！

——星雲大師全集／人間萬事

壹

學習他人的智慧，審視自己

我們對自己的認識容易有盲點，

從觀察他人出發，

能藉由不同的樣貌檢查自己。

排隊——現代人必備的軟體

在現代社會，「排隊」是我們相當重要的課題。華人有所謂「溫、良、恭、儉、讓」五種美德，這對一個人的做人處世，已經指示得非常明白。可惜，這樣優秀的中華文化，現在能奉行的人，已經不多了。

例如二〇一五年元旦前夕，上海灘發生踩踏事件，死了多少人，造成多少的傷痛，就是由於民眾缺乏次序、禮讓所造成的傷害。世界上也曾有過運動會因為人多，發生了踐踏、推擠的情況，這些也都是沒有排隊所致。目前在人潮多的地方，經常看到大家不排隊的情況，顯得沒有次序，混亂也就在所難免。這都是缺乏禮讓的教育。

大抵一個文明的國家，對於排隊是非常重視的。像買車票要排隊，等公車要排隊，哪怕是去看電影，也是要排隊進場。如果有人要逾位，就好比汽車要超前，也有超前的規矩；走路要超前，也有走路超前的禮儀。如果沒有這許多禮儀，人人得而攻之。

現在，我們強調要復興中華文化，過去的人士都講究禮讓、謙恭、長幼有序、職務高低都有標準；但因為多年的戰亂，這許多美好的中華文化好像已經不復存在，所以現在經常看見擁擠、爭搶、逾位、喧嘩的現象。

記得數十年前，我曾到夏威夷訪問，在天濛濛亮的早晨抵達，當時旅館還沒有營業。接待我們的智定法師，就領著我們到一個廣大的公園裡去看夏威夷特有的「草裙舞」，跳草裙舞的女士們都頗有噸位，舞起來令人莞爾一笑。

那時候有好幾萬人要進入公園，只有一個老人和一個小孩在維持次序、管理這個場所。他的手一指，所有人聽從他的指揮，到東方、到西方的座位。他走到了哪裡，只要繩子一拉，就算是王子、公主都不能越雷池一步。為什麼？因為那一根繩子就是代表法令、代表道德、代表人格，如果不懂規矩、沒有法治觀念的人，豈是一根繩子所能束縛，就是一面圍牆，他也會翻牆而過。從這裡可看出東西方文化差異。

無規矩不成方圓

排隊，也是指一種倫理、一種次序、一種文化。像在家庭中，大哥穿過的衣服，會由老二穿，老二穿過後讓老三穿，不會是老二、老三先穿，大哥在後。所以過去的朝代立儲，如果是以長子為尊，必然傳給嫡長子；如果長子不適合，一定要先把長子安排好，讓他心服口服，一切順利，然後才能立二子，或是由下面的人替補。假如前面沒有先安排好，後面的順位者就超前，那麼這個朝代就可能會因奪位爭鬥而滅亡。

說到倫理次序，過去一個村，村長一言為定；一個祠堂的族長，發話下來沒有人敢反對；就是做官也有前後期，武將也有先後倫理。人事上如果沒有倫理、沒有排隊、沒有先後次序，那麼管理上就會發生很大的問題，彼此之間的不平、爭吵、怨恨，就不一而足了。

不過，談到排隊的管理，也衍生出一個問題值得我們思考。像現在一些企業公司的總裁、總經理，他們辛苦創建公司，但要想讓企業更加久長，應該要考慮交棒、培養人才。

像現在佛教裡的長老，年紀大了，總要交棒、傳承給年輕人。可是中國社會的習慣，有許多人千難萬難對年輕人交棒，也不管任期，一直做到死為止。等到死了以後，因為沒有明白的先例指示，讓後代的子孫因此起爭執，當然事業也就隨之衰亡；若寺院如此，也會引發混亂。

現在地方政府對於人事調動非常靈活，到哪個年齡層，就要交棒給新的一批人才，也使得人事輪替年輕化，活躍、積極、向前，就能帶動整體社會。所以交棒也是讓一個團隊有向前的動力，如果不交棒，就會發生問題，等於一個人被判了死刑，讓人感到沒有希望。假如這個團隊有排隊，大家依序而來，成員就會說，看看有沒有機會輪到我，大家會守次序、依規矩，也會守法。

不過，排隊也要有一點圓融、方便，像某些機關、團體，只有一個人發言，其他的部下統統在旁邊觀看，講到什麼問題，都不敢開口補充，不發一言，這樣子也太過僵硬了。要讓人與人之間有活躍、有默契，互相尊重包容，讓一個團體和諧安樂，才是真正得到排隊的利益。

即使叢林裡的職事四十八單，所謂堂頭、堂主、書記、悅眾、參頭、燒香、侍者等等，在遞升的時候，必定有一個共同信賴的次序。例如：期頭到了，大悅眾調任維那，二悅眾調任糾察；假如說，要把二悅眾調到維那，把大悅眾調到糾察，事先要與他們二人協調，雖然是同等的地位，其中還是有先後的關係。

所以在佛教裡，僧侶的戒臘、年齡、出頭的先後、參加的多少、與本寺來往的關係，都有一個綜合的平衡，都有記錄、都有等級、都有先後。因此對於人事調動，大家都心悅誠服，沒有人爭論，這就是排隊的好處。

比方，我到南傳佛教國家去訪問，他問：「你受戒幾年了？」

我說：「我受戒七十年。」

他說：「喔，我受戒七十五年了。」我聽到這話就要去向他禮拜，因為他受戒在先，意思就是要對他尊重。

如立場對調，他說：「哎呀，我只有六十五年，我向你頂禮。」所謂「以戒為師」，有先後、有次第，就是戒；次第、先後，在佛門裡就是平等法。

說到佛教裡的排隊，如同軍隊那樣的嚴格。所謂橫排、縱排，圓形、三角形隊伍等，大圈小圈，重重疊疊，有各種隊形的變化，那也是一種智慧，展現人的聰明、彼此的合作。相當於中國最老的武術「奇門遁甲」，你走進去都不知道怎麼出來，它就是從各種隊形變化而來；隊形雖千變萬化，但是都有原則，不是隨便亂來的，那是排隊的最高境界，可惜現在這種文化好像失傳了。

說起排隊、排班，還有名次上的排班，有時間上的排班，有座位的排班，有官位的排班，有前後的排班，有倫理上的排班，一切都講究先來後到，這就是因為有排隊、排班才有次序，才有規矩，才是公平，才不會吵亂。

除了不排隊造成混亂以外，大聲喧嘩也是我們的社會裡需要改進的地方。過去中華文化都講究溫文儒雅、輕聲慢語；但是現代人容易大聲吼叫，當一群人在一起，這人不會等那人把話講完之後再講，你對他講，他講他的，一個十多人的場合，有三、五隊的人在對話。大家比聲音大小，誰聽誰的，誰在講、誰在聽，都搞不清楚。

尤其，有人在講話，不等人講完就插話，把人家的話打斷，實在是很沒有禮貌、最沒有修養的行為。凡事都有先來後到，人家已經開始講了，你要發言，也要等他把話講完，這是一個做人的基本禮貌。甚至於，現在的人講話也大多貶抑、批評、言不及義，過去我們對謙謙君子的讚美，說實在的，現在已經找不到這樣的群眾讓我們讚歎了。

當然，現代人絕對有優點，如不會做作、很直心，我要什麼、不要什麼都直接講清楚、說明白。可惜忘記了「我」以外還有人，所謂「人外有人，天外有天」，我和人的關係，是要讓人家不要討厭我；我與地方的關係，是要讓這個地方不會感覺因為我而失去了寧靜安詳。

當代新人文運動

近幾年來，政府一直提倡復興中華文化，我覺得中華文化裡的「溫良恭儉讓」是最需要現代人人提倡的。可是，現今主持復興中華文化的領導者，大抵只想到把過去歷史上的文物搬出來給人欣賞、觀看，以為炫耀歷史就叫做復興文化。我認為，這只是一種形象上的做法，對於社會的安定、人心的淨化、道德次序的提升，發揮的功用很有限，最重要的，還是要有教育。

但是講到教育，在現代也淪落到最困難的處境。因為，人人都覺得我可以教人，不願意給人教，無論什麼事，利益都以自己為主，甚至不守禮法，要爭一個自己的道理，整個是非觀念都顛倒了。

所以，現在要想復興中華文化，先要改變觀念，要反過來先研究：什麼叫文化？我們要的是什麼文化？怎樣提升及改進我們的文化？

說到中華文化，我們以為古代的諸子百家就是中華文化。但是過去的諸子百家，像韓非子是法家集大成者，闡釋「法、術、勢」，現在有幾個人知道呢？墨子倡導「兼愛」，有人知道墨子嗎？孟子提倡「性善」，講說「民為貴，社稷次之」，政治官員都能奉行嗎？荀子主張「性惡」，有人改進嗎？有人教育嗎？甚至莊子那種幽默的智慧，有多少人崇敬呢？現在，連佛陀都沒有人提及，佛陀是集文化大成的聖者，你說，要倡導文化，能讓佛陀缺席嗎？

除了諸子百家的文化不受重視，過去有儒、釋、道的文化，但現在道家的文化是什麼？我們也看不出來。孔子的「忠、孝、仁、愛、信、義、和、平、禮、義、廉、恥」，好像也很少人再提到；佛教講「慈悲、因果、結緣、三好、四給」，也好像並不流行。

所以基本上，套一句現在人常說的詞——軟體，也就是包括我們人心、人性的文化，以及衣食住行、做人處事、人與人之間的文化等，但這許多我與人的關係、我與親人的關係、我與社會的關係、我與國家的關係，都慢慢的淡薄了。

我們對於這種沒有人文的社會，沒有人文思想的民眾，非常擔憂，但是造成這樣的文化原因是什麼呢？

第一、我們宣揚做人的品德教育不夠。像過去兒童入學講究孝道，講究忠愛國家，講究誠信，我不知道現在各級中小學有沒有提倡這許多的教育。現在中國的經濟成長、生活改善，大家吃喝玩樂的生活都有了提升，可以說吃喝玩樂的文化不用特別教育，在社會倒是已經非常流行。

第二、沒有讓人民有自我的教育、自覺的教育。過去儒家都教人「吾日三省吾身」，佛教都教人要知道「因果報應」，甚至民間信仰都說「舉頭三尺有神明」，讓人用來時時自我警惕。其實，這些好的思想，都要重新注入人民的生活教育之中，養成大家有自覺的習慣。

第三、許多人不排隊，沒有次序。人民要從排隊、禮讓開始，這也是恢復中華文化優良傳統，甚至我們更要吸收新的文化，才能夠進步。不然，一個國家的國民，到處都是亂哄哄的一團，到處都是擁擠不堪，爭先恐後。這就可見這個國家的國民素質、文化水準低落。

像過去數十年來，我們在歐美旅行，在飛機裡、公車裡，或者馬路上，只要聽到大聲講話的人，就會猜測這是臺灣來的、這是中國來的、這是亞洲來的華人，可見我們的中華文化禮讓已經失落了，感覺到自己在國外旅行很沒有面子。

西方人士重視排隊，像在機場、飛機上，一片安靜，大家都在看書讀報，做自己的作業，不隨意走動、不會大聲喧嘩，一點都不擾亂旁邊的人。火車上，整齊的車廂寧靜有序，如果是坐早班車會看到，西方人士幾乎人手一報，或者人手一書，很少有人高談闊論，因此感覺到這樣的社會，讓人的生活很有次序，很有藝術，很有規矩，很是安詳。

曾經有過一段時期，西方的飯店不喜歡東方人進住，甚至連東方的日本飯店，也不喜歡東方、亞洲等其他國家的旅客進住，因為相對於他們比較有規矩的狀態，亞洲他國的旅客經常不肯排隊，鬧哄哄的一團，甚至入住之後不肯關門，吵鬧不休，妨礙別的客人養息，因此日本乾脆把房間留給西方人，東方人的許多行徑，都不合他們的標準。

現在政府積極喊出「復興中華文化」，不要只是在藝術上、文物上的維護復興，我想在衣食住行、生活行為上的文化，都應該有一個「新生活運動」。從排隊做起，這是當務之急。

——星雲大師全集／人間佛教論叢 1

星雲大師小語

「萬事無如退步休」，對一個信仰佛法的人來說，世間萬事沒有比退一步最高、最好的了。退一步，爭逐的人少，天地更寬廣，更能領悟生命的奧義。有了這樣的認知，遇到事情就能「當進則進，當退則退」，進退合宜，這才是應有的人生態度。

——摘自《星雲大師全集／星雲說偈1·退步人》

用人之道——看見他人的價值

這個世間上無論是什麼團體、事業都要講究「得人」，就是佛教裡也有所謂「人能弘道，非道弘人」。人，可以主宰一切，如是能幹的人，即使一些小事也可以做到鋪天蓋地；沒有用的人，就算大事業、大團體交給他，甚至國家、政黨也都會滅亡。所以，這個世間上的成功與不成功，都是因人而定。

近代的人都稱讚曾國藩會用人，我想在用人之前，先要「識人」。每一個人都有他的天賦，都有各自的才能。同樣的人，你把他安排在什麼位置上，適合的，他能發揮所長，讓事業成功；你把他擺在不適合的位置上，當然一事無成。

所以，用人之前，對於人的認識，等於是評斷一樣東西有什麼用處，都要能有所了解。廢物都可以利用了，何況是人呢？大大小小，都要可用。當然，可用的人，基本上要有道德觀念、人格操守、為人忠誠、盡心盡力，再來就是看他的技能、理念、辦法了。

我經常提出「有佛法就有辦法」，若有佛法卻不會用，佛法也不是辦法了。我們得會用小小的、一點點佛法理論，把它擴大，用之得法，也一樣可以有意想不到的成就。

容人的肚量

我們從遠處的歷史來看，最早中華歷史的開展，所謂唐堯虞舜，禪讓聖賢，堯要傳位給舜，他觀察了多少年，訪查了多少事蹟，才覺得可以把國政交給舜來主持。舜也不負唐堯的希望，本諸他的道德、他的人品，用「公天下」的理念來治國，執政為民，有功則賞、有過則罰，四方諸侯心悅誠服，樂於歸順他的領導；對於大禹治水，他解決了黎民百姓水患之苦，對國家有很大的貢獻，所以舜也把國政交由禹來接掌。

後來陰錯陽差，禹認為他的兒子啟還是能幹的，因而傳位給啟，但是這一念之差，把一個「公天下」的國家，變為家傳的「私天下」了。雖然在中華文化的歷史長河裡，孕育出多少的人才，有多少的成就發展，到最後由於公私不分，很可惜的，就成為「家天下」的國家了。

經過漫長的時間流轉，一直到了一百多年前，孫中山先生喊出「天下為公」，這一句話才真正挽救了中華民族的未來。天下，不是私人的，不是個己的，不是家族的，不是家庭傳承的。國家、天下，是國家天下人所共有，應該在公眾裡面，挑選賢能來領導國政，這個國家社會的發展才是健康的。

像美國開國也才二百多年，由於華盛頓（George Washington）有公天下的理念，成就後來很多傑出的總統，如傑弗遜（Thomas Jefferson）、林肯（Abraham Lincol）、羅斯福（Franklin Delano Roosevelt）等人，他們民主、包容、至公無私，所以美國在國家治理上雖有內戰、雖有干戈，至今能發展成為世界上強大的國家，這都是由於領導人具有公忠體國的精神。

所謂主持國政，主要是為國服務、為民服務，不是享受個人的權力來主宰這個世界。歷史上的皇帝都稱自己是「天子」，意指上天派他來享受人間的富樂和權力，任由一己之私，要這樣、要那樣。這麼大的一個國家，單憑一個人為所欲為，還會有前途嗎？

我現在舉出歷史上用人成功的幾個例子，供給大家參考：

第一，齊桓公。春秋時代，齊桓公小白做了齊國的主政者，他重用仇人管仲為相，這在別人身上，是萬萬都做不到的事。

齊桓公小白和哥哥公子糾二人，在大哥齊襄公繼位後，分別逃往鄰國避禍，各自有一位像保姆一樣的老師來訓練他們。管仲是公子糾的老師，鮑叔牙是小白的老師，兩人在外國參學，預備將來有機會，可以回到齊國來主持國政。

當齊國的國主齊襄公逝世，兄弟兩人都搶著回國奔喪，同時希望能獲得齊國主政者的權力。期間，鮑叔牙率領的小白一行，已搶先一步在返國的途中，後面的管仲率領公子糾追趕而來，情急之下，管仲在後面舉箭，朝小白射擊。這也就講到小白命不該絕，他順勢倒下來，並沒有被射中。

管仲認為小白已死，大患已除，就慢慢地逍遙返國。不料，小白未死，在鮑叔牙率領下搶先回到國家奔喪，順利成為齊國的領導者，這就是後來聞名於世的霸主齊桓公。

管仲和公子糾知道消息後，自覺失去機會，不敢回國，只好逃奔到魯國。魯國因畏懼齊桓公的力量，殺了公子糾、囚了管仲送交齊桓公處理。當管仲被囚俘到公堂，任何人這時候都會有復仇之心：「當初你要射死我，今天卻成為階下囚，我要治你的死罪，以雪我心中之恨。」

管仲自知一命難逃，不過賢能的鮑叔牙，趕快跟齊桓公請求釋放管仲，並且說：「我願意把宰相之位讓他。」齊桓公哪裡聽得進這句話，就說：「這是我不共戴天的仇人，他要射殺我。」

鮑叔牙就說：「過去，管仲心中只有公子糾，所以要射殺你。現在你用他，他心中只有你，可以射天下人。管仲是不世之才，我自知不能和他相比。假如你要成為一代霸主，希望不要失去機會，要重用管仲，不要追究往昔的仇恨。」

齊桓公也是一個偉大的賢者，一聽這句話，立刻醒悟。私仇確實不應該計較，馬上下堂親自為管仲解縛，禮請他上座。管仲因此感激齊桓公的知遇，後來幫他主持齊國的國政。提出「尊王攘夷，九合諸侯，一匡天下」，在歷史上成為一個傳奇。

管仲做了數十年的宰相，到了年老時，和齊桓公的關係更加親密。齊桓公不以君臣之禮相待，反而尊管仲為父，稱他為「仲父」，以他為父師。因為齊桓公有這樣的雅量，最終成為春秋戰國的五霸之首。

當管仲即將去世，齊桓公悲傷哽咽地跟他說：「仲父，你去了，我的國政託誰呢？」

管仲搖頭，他說：「這個世界諸侯分歧，難以調伏。」

齊桓公又說：「那麼請鮑叔牙來代你，擔任宰相好嗎？」

管仲還是搖頭說：「不行，鮑叔牙這個人是君子，只能與善人交，不能與惡人來往，一個宰相需要三教九流都能交往，此非他所長。」

我們看到這裡會認為管仲簡直忘恩負義，鮑叔牙救了你的命，把宰相之位讓給你，現在你即將老死，齊桓公要讓鮑叔牙做宰相，你還要否決。但也可以說，偉大的管仲是以國家為念，不以私誼為重。

管仲也知道鮑叔牙對自己的恩惠。他們倆從小一起成長，一直以來都是管仲占優勢，鮑叔牙護著他，所以他也說過：「生我者父母，知我者鮑叔牙也。」兩人雖然知交、知心，管仲也深知，不能以國家大政作為私誼相授。所以古人用心為國，摒除個人的好惡，完全以國為念。我覺得，齊桓公能用管仲，不愧為偉大的五霸之主，有這種心胸包容。

我們看到今日的黨派，能把對手、敵人作為自己的股肱嗎？若齊桓公不用管仲，也難以成為五霸之主，就因為他會識人、會用人，所以成為齊桓公。

舉這個例子是希望我們的主政者，不妨對這樣一段優秀的歷史人物的故事，多一些了解參考研究。

第二，漢高祖。我們知道，秦國位處現今中國之東，與燕、趙、韓、魏、齊、楚，相距很遠，但最終秦能滅六國，完成統一，如杜牧〈阿房宮賦〉所說「滅六國者，六國也，非秦也；族秦者，秦也，非天下也……」，所以不團結、不容人，是自取滅亡，秦國當然能個別擊破，成為歷史上一統天下的強秦。但是，由於秦始皇暴虐，不愛惜人民、不尊重國家是全民所有，非自己所有，也是不能長治久安，終為漢高祖劉邦所推翻。

漢高祖推翻強秦，大家都認為是漢高祖會用人才，所謂張良、蕭何、韓信是為漢朝開國三傑。事實上，漢高祖能打下天下，張良、蕭何都有功勞，但真正讓西楚霸王、一代雄主項羽自刎於烏江的，非韓信不可也。

韓信本為西楚霸王項羽手下的一個低階軍官，是蕭何推薦給漢高祖，當時漢高祖看不出韓信有多少才能，也沒有特別重用。韓信得不到賞識，只有落寞的離開，所以歷史上留下「蕭何月下追韓信」的著名典故。蕭何告訴漢高祖，唯有得韓信才能得天下。

漢高祖也不愧為一代的君王，對於識人、用人非常有心，因此就重用韓信。但是，韓信只是低階軍官，怎麼能一下子幫劉邦來統領百萬雄兵呢？在蕭何的建議下，有了歷史上所謂的「築壇拜將」，漢高祖在全國軍政長官前封韓信為大將軍，把重大的軍權交給他，讓他領導全國的軍人。漢高祖等於是把自己的身家性命、前途所有，一切交付給這個不熟識、只是憑著蕭何的推薦而信賴的人。所以，後來韓信肝腦塗地，幫助漢高祖南征北討，建立了多少的軍功，甚至被封為「齊王」。

有一天，漢高祖跟韓信開玩笑地說：「將軍領兵，戰無不勝，攻城掠地，沒有不成；你的能量能領導那麼多的兵馬，跟朕相比，你看，以朕的能量能領導多少軍馬呢？」

韓信說：「主公，你可以領導十萬人馬。」

漢高祖反問：「那你能領導多少人馬？」

韓信說：「多多益善。」

這句話在漢高祖聽來實在是一個傷害，一個汙辱。其實不然，韓信認為漢高祖可以將相，而自己可以將兵，各有能力；漢高祖能做皇帝，韓信只能做軍官。所以知人、識人、用人，這當中有許多的差別。但是，漢高祖心裡當然有所不服，可是在用人之際，也只有忍耐。

用人，要用其所長，並不是把每一個人都看成是奴才，聽候自己使喚。人才也有自己的個性，也有尊嚴，甚至也有自豪俠義的一面，做領導的人要欣賞、要認識、要會用他，才夠資格做一個領導人。

現在的各黨各派在執政時，領導諸公有像漢高祖這樣的雅量來為韓信築壇拜將嗎？可以容納一個說自己只能領導十萬軍馬，而他能多多益善的那種可喜人士嗎？所以，做一個偉大的人物，不妨以這一段歷史作為用人之道的參考。

識人的眼光

第三，唐太宗。歷史上有名的「玄武門之變」，李世民殺兄屠弟，自己掌握國政，登上皇位，是為唐太宗。

但是，當初兄長李建成的門人，人才之多，超過自己；一般人獲得權位之後，很容易想報仇雪恨，但唐太宗知道，各為其主的都是忠臣義士，不可將他們視為敵人。所以登基之後，他禮賢下士，對於長兄的門人如魏徵、王珪等人盡量網羅，這當中尤以魏徵最為人所知。唐太宗比照劉備三顧茅廬邀請諸葛亮出山的那份虔誠恭敬之心，才感動魏徵，使其看出唐太宗可成為一世霸主，願意為他效命。

魏徵這個人心中只有國家、只有人民，大公無私。《古文觀止》裡面有一篇〈諫太宗十思疏〉，講述魏徵是如何豪氣又強勢地規勸君主要如何愛國愛民。當然，這也需要唐太宗大量、大肚的器量，才能接受魏徵如此勸諫。在歷史上，甚至我們可以說，不是臣下魏徵畏懼君主，反而是唐太宗畏懼魏徵，因為他為人正氣、為人公忠，愛國愛民，不得不教人佩服。

舉一個例子，唐太宗雖為一代名君，但也有私人生活，在宮廷後院和宮妃談笑娛樂。有一天，他正在逗弄一隻寵物小鳥，正好魏徵前來，來不及藏起小鳥，只好把牠放到袖子裡面跟魏徵談話。魏徵知道皇帝耽於逸樂、不處理國家政事，故意留下來和他長談國家大事，最後小鳥悶死在袖子裡。唐太宗對於失去小鳥也不以為意，還是凡事敬重魏徵。

唐太宗在位二十三年，締造「貞觀之治」的盛世，共用了魏徵、王珪、長孫無忌、溫彥博、蕭禹等幾十位宰相，若沒有這一班人為其所用，我們又何能知道，今日有一個唐太宗呢？

所以，我們今日稱為「秦人」、稱為「漢人」、稱為「唐人」，這許多的雄主都為現今中華民族文化孕育出優秀偉大的人物。現在政治圈、企業界、軍公教人員等，各有一方領導，你們的器度能和這許多雄主一比嗎？這是我舉第三個用人的建議，也希望作為領導的人不妨參考。

第四，武則天。在歷史上有許多女性非常優秀，如明太祖的馬皇后多麼賢慧，包容大臣，在她的善言好語之下，讓朱元璋少殺了多少人命。像唐太宗的長孫皇后，她賢良敦厚，唐太宗善於納諫的政舉，也得益於長孫皇后的良言勸導，不愧為一代皇后。

歷代也有傑出的女性主政者。例如戰國時代的趙國由太后主政，有使臣前來交流。趙太后見到齊國的使臣就問：「你們的年歲豐收嗎？你們的人民都安樂嗎？你們君主都安好嗎？」

齊國的使臣一聽，甚為不悅，認為：「太后對我的國家先不問我的國君，而先問稅金、先問人民，哪裡有先賤而後尊的呢？」

趙太后立刻回答說：「不然也。苟無稅，何有民？苟無民，何有君？所以稅與民，貴也，君主不貴。」在兩千年前，女性有這樣民主思想超過男性，天下的女人還不值得以之為驕傲嗎？

唐朝的武則天，最初是一個低階的才人，但因緣很難料定，她能以女性之姿做到一代女皇，是非姑且先不論說，靠的是什麼？不計仇恨，用人唯才。

例如駱賓王寫了〈為徐敬業討武曌檄〉，在文中，把武則天罵得雞狗不如，不敗壞朝綱，性非和順，出身寒微等等。她看了駱賓王這篇討伐自己的檄文，不但不生氣，反而高聲說：「如此人才不用，這是宰相之過。」

我們看，能做皇帝，就憑她這樣的胸量，知道是非，容納百官。像她重用的大臣周興，這個人心狠手辣，仗著皇權，殺害了多少無辜的人，上自朝廷百官，下及小民百姓，無不懼怕。

武則天知道了以後，非常痛恨他濫用權力，命令來俊臣處置。來俊臣向周興請教對治惡人的刑求之道，周興提出「請君入甕，再以炭火烤之」的方法。果真，來俊臣準備了鐔罐，命周興進去，以此治了他的罪。有名的「請君入甕」的典故就是從此而來。

再舉一例。上官婉兒是武則天仇人的後代，難道不怕她報仇雪恨嗎？但是武則天看重上官婉兒的學識和文才，從奴才的身分把她提升為自己左右的侍者，成為得力的助手，甚至公事、文書都交由她代理批閱。期間，武則天的兄弟來追求上官婉兒，她非常不歡喜地說，你們怎麼可以與朕來搶人呢？可見她對人才的重視。

其他，像婁師德、狄仁傑、張諫之、姚崇、宋璟、裴懷古、魏知古等人，都為她所用，輔助她治理國政，使得國泰民安，也就更不用說了。

所謂「國家者，全體之貴也；民眾者，全國之父老兄弟姐妹也」。假如今天無論是男人主政也好，女人主政也好，能不計前仇，寬宏大量，放開眼光，像武則天這種以國家前途來用人，國家社會還不能展望未來嗎？

上面略舉一些歷史人物的用人之道，歷史實在是我們的一面鏡子。一名君主要成功，識才、識能、用人，不計仇恨，公正無私，主要的還要有肚量，才可堪為領導者。

慈禧太后之所以留下罵名，是因為她心地狹小、不能容人、不能包容新政，所以導致亡國。其實，那時曾國藩消滅太平天國後，他若順勢而為，推倒滿清，自立為王，也不是難事；但曾國藩讀聖賢書，本諸一個讀書人的本分，把自己的事做好，不在名位，不願意違背君臣之道。所以從他的治家格言中，他的人格風範與忠誠為國，不禁為我們所稱道。

再看孫中山先生，為了求取和平，能把大總統的位置讓給袁世凱，還不夠令人尊敬嗎？曾經，欲毀壞孫中山先生銅像的人，需先想想自己的人品能和孫中山先生比嗎？

所以說，人各有信仰。信仰的是國家，信仰的是人民，信仰的是包容，信仰的是為國為民的人物。要選擇再繼續仇恨嗎？還是要在歷史上做一個偉大的人物呢？我們可以三思。

再看佛門寺院裡，過去也都有百千人之多，甚至不乏江洋大盜回頭轉身修道。做一名住持，領導那許多人士，除了用法治、規矩、戒律治理，也有一套叢林語言來維護人我相處的倫理。大凡在大叢林寺院裡選用人才，也都要先看他的器量、他的識人、他的供養心，以及他對大眾的愛心，要能提拔後進，也才能被「龍天推出」。

其實，無論國事也好，佛寺叢林也好，所謂「興亡之道」，在於「有胸量」、「識人」、「用人」而已。

——星雲大師全集／人間佛教論叢 1

星雲大師小語

能讓團體運轉的有兩種人，一是領導人，二是被人領導。如果以刀鋒的銳鈍來比喻一個人的領眾能力，強勢的人，刀鋒銳利，但容易傷人；和眾的人，刀鋒是鈍了點，但經久耐用且不傷人。所以身為領導者，要具備寬宏的胸懷與平等的精神。此外，「知人、育人、用人、留人」是身為領導者必備的識能，知人首重目標一致，育人則要懂得教導部屬，用人要公平合理，留人要使之有前途。

——摘自《星雲大師全集／星雲法語1・領眾之道》

騙術奇譚
——良善才是真正的財富

世間上很多人都被騙過。為什麼呢？當然，一來是由於社會道德不健全，二來主要還是由於自己的貪心，才會給人欺騙，就等於魚兒因為貪食才會上鉤。所以，假如自己能不貪，就不會給別人騙了。

我也被騙過，但那時候是我有心讓對方騙。基本上，我這一生中都是在給予，沒有被騙的機會，因為縱使黃金白玉再多，我都認為那不是自己的，你硬是要給我，我也不要；如此，又怎麼會受騙呢？

濫用善心的貪念

舉例說：一九五〇年代的時候，我在宜蘭雷音寺駐錫弘法，寺廟門口的那條大馬路同心街，原本是水泥路，因為施工不良，導致路面被破壞而凹凸、高低不平，尤其晚上走路，燈光昏暗，容易被石頭絆倒。雖然只有幾十公尺長，但是要鋪設那條路，當時的我也實在沒有能力。

沒想到，有一天來了一位先生，他表示自己是工務局的人，因為修公路剩下一些砂石、柏油，想來幫我們把路面鋪好。這在佛教裡是常有的事情，畢竟是信徒，總會想要發心護持三寶；再說，修橋鋪路也是一件功德好事。

但我想到，那是屬於公家的物品，就算是剩餘的材料，又怎麼可以私自拿來替民間團體鋪設道路呢？而且，你跟我們素無來往，也沒有信徒引介，不但彼此從未見過面，也從未聽說過你的大名，不知道你在哪裡服務，忽然你就說要發這樣的善心義舉，當然不得不讓人覺得要多做些了解。

不過，我一面又想，既然有人要做善事，而這件事做了對大眾是有利益的，何嘗不是一件歡喜的事呢？就這樣，我們彼此相談熱絡，甚至談到了哪一天要來鋪路、需要花多少時間等等，尤其他還說不需要任何費用。只是講到最後，他卻忽然話鋒一轉，說：「這許多材料都在蘇澳，運過來需要一些運費，這部分就由你來出了。你是否可以先給我五百塊作運費呢？」

他的這句話，讓我有了警覺。想到彼此素昧平生，你就要我先給五百塊錢，萬一你不來替我鋪路，我可怎麼辦呢？不就「偷雞不著蝕把米」了？

我的念頭裡雖然起了這樣一個疑問，不過隨後我還是坦白地對他說：「那沒有關係，你就叫運送人員把材料送達之後，再找我們拿錢好了。」話講到這裡，之後就再也沒有下文，從此也沒有鋪路這回事了，由此也就證明他只不過是想要來騙取我的五百塊錢而已，所幸我不貪圖這些便宜，所以沒讓他有得逞的機會。這就是我不被騙的第一次經驗。

騙人的人起於貪心，受騙的人也多是由於貪心。過去社會上的金光黨欺騙一些老太太，大抵就是運用這種手法來引動她們的貪心，讓人輕易地就上當了。

再有，那是發生在佛光山開山之初的事，一位紳士模樣的軍官來山拜訪，他對我說：「佛光山開山了，你這裡這麼多的人要吃飯，必定花費不少；這樣好了，我們軍中吃的米糧有餘下來，就捐給你二百石，做個功德吧。」

我一聽，二百石的米？這足夠我們至少吃上一年，心中當然很歡喜。畢竟在那個窮苦的年代，能獲得一些援助，就可以減少大眾生活上的掛念，實在是一件意外的好事。也確實，我們那時候吃飯的人多，米糧又很貴，軍中剩下來的米要送給我們，大可省下一筆開銷。

但是隨後我又想，萬一米送來了，而他的長官不知道這事，最後演變成私相授受，非法給予，我不是要吃上官司了嗎？

於是我就問他：「這些米是怎麼餘下來的？」當然他也有一套理由、說詞。我聽了以後，心裡已經斷定，這不是由公家長官下達命令讓他來跟我洽談的，私相授受的結果必定會出問題。不意，接著他就說了：「這許多米糧在臺南，我要找卡車運過來，你先給我一些路費吧。」聽他這麼一說，我就篤定地說：「沒有問題！等到你米糧運來的時候，總共需要多少運費，我再給司機。」當然，從此米糧沒有了，軍官也沒有再來了。

經常有來訪的人說，我要送給你什麼、捐給你什麼，對於這些物質的東西，我從不去貪圖，不過有一次我倒是心甘情願要讓對方騙。

最初辦孤兒院在收容院童的時候，有一位男士跟我說起，在北部有五個小孩，身世如何淒涼、生活怎麼困難……最後他說：「我是來做好事的，但是沒有多餘的路費，無法將他們帶來，這樣吧！你們出個路費，讓我把他們帶來。」

多少路費呢？那時候火車票很便宜，只需花個五十塊錢就能買到一張半票。我明知道可能會被騙，但是辦理孤兒院也確實需要小孩，總不能說你先把小孩帶過來，我再買票，況且騙也不過三百塊錢，就想算了吧，錢給他了！萬一我不肯出這三百塊錢，平白失去了這五個孤苦小孩的領養機會，我也於心不忍。為了這一點點慈悲心，還是讓他騙吧。於是我就拿了三百塊錢給他，但是這個人從此一去無回。

過了幾天，我到宜蘭去，有人談到了這件事，說：「師父，有位男士說要把五個小孩送到佛光山，我們還給了他三百塊錢路費。那五個小孩，你見到了嗎？」我一聽，哎呀！是同一個騙子的手法，他知道我和這兩個地方的因緣關係，就耍個花樣詐騙。

事實上，行騙他人的行為是很可憐的，即使你騙了別人的東西，最終也不會屬於自己所有，唯有靠勤勞去賺取，才是真正屬於自己的財富。騙人，是犯罪的行為，總會有被揭穿的時候，夜路走多了，總有一天也會遇到鬼。你騙得多了，旁人難道會不知道嗎？

一九六三年壽山寺初建完成的時候，看上去美侖美奐，五層樓高的寺廟在臺灣雖然不算是最高的建築，也應該是百大建築之一了。舉凡來參觀的人都非常讚賞，都說莊嚴堂皇。

在那一段時期，高雄發生了一起沉船事件，有二十六個人被淹沒。關於這起事件，報紙還將受難者姓名刊登出來。當時有一個人就跑來告訴我，現在這二十六個受難者家屬成立了治喪委員會，要請他做主任委員。我看他穿著長袍馬褂，文質彬彬，談吐文雅，活像個大學教授的樣子，也就不疑有他。

他對我說：「聽說你要辦壽山佛學院，正好這二十幾位受難者有一些遺產，他們的家屬一致說要貢獻給你，作為辦學之用，也讓死者能做點功德。」

我聽了以後，真是感到喜從天上來：會有這麼好的事嗎？我佛學院剛辦不久，就有人知道要送錢來。

接著，他又說：「不過，對於這二十六個人，家屬說要找你們幫忙念經，替他們做個超度。」

我心裡就想，人家這麼大力地要支持我辦佛教學院，而念經也是我們本分的事情，那有什麼困難呢？我不疑有他，就說：「那不成問題！我們願意為這許多死難的人士做一些功德服務。」

這時候他就說了：「至於詳情，待我先去把這二十六個人的名單拿來，再來了解他們有多少遺產。不過，我想捐獻為數大概會在幾萬元之上吧。」我一聽就想，佛學院辦起來以後，應該幾年內都不用我去煩心籌措學生的上課經費了。

過了一天，他果真就拿了二十六個人的名單來，和報紙上所刊登的名字是一樣的，他並一一向我說明他們有多少遺產。

談到這裡，他說：「我現在就去辦理這件事！」只是過不了一會兒，他又說：「那許多家屬都齊聚在高雄，住在旅館裡，我們總先要給他們一些飯食的接待啊！你先幫忙我五千塊錢，讓我去打發他們一下吧。」

這一聽，我心頭頓時涼了半截，暗自思量：你好意說要捐獻給我辦學，但我都還沒有收到捐款，你就叫我先拿出五千塊錢幫忙，這是什麼道理呢？

當然，那時候我也沒有五千塊錢，但是我知道，該來的就會來，該去的就會去，不該來的不會來，不該去的也不會去。照理說，錢財的往來應該是要「先來後去」的，再說，既然是你說有這麼幾筆遺產要捐獻給我們的，又何必要我去處理家屬的接待事宜呢？

我那時候年輕，沒有很多方便的方法來應付這許多難題。不過我心中一直盤算著該怎麼解決好呢？隨後我就說：「你剛才講的那些話，實在是令人同情。此時此刻，這許多喪家一定很悲苦，確實是有必要給他們一些安慰、幫助，那就先勞駕你帶我去和眷屬見一面，我可以安慰他們，並且表示感謝。」

他聽到我這樣的回答，頓時愣住了，但很快地就恢復神色，說：「那好，我先去和家屬約個時間，再來請你去。」從此，這件事情就沒有下文了。

我心裡並沒有因此失望，反而暗自歡喜：好在我沒有貪圖這一筆錢財，不然我不就要損失五千塊錢了嗎？

經過這件事情，不但讓我對社會人心增加了解，也更加體會到不能輕易貪圖錢財，否則到最後吃虧的就是自己了。尤其對於社會上的各種騙術，我也有了一些經驗和認識，知道以後對於人家的好心好意也要注意；特別是在錢財的往來上，對於不認識、不曾往來，或者未經介紹而來的人，儘管他們說得天花亂墜，如幻如化，但是所說的這種既沒有來路也不知道去路、更不知道事實為何的情況，我們也得要謹慎小心為好。

在這一件事情發生後不久，又有一位同樣是一表人才，非常有紳士風度的人來到壽山寺拜訪。他向我說：「你們這間寺院的大廳實在非常莊嚴，近日有大約二百位外國觀光客將到高雄來，他們表示希望能到這裡吃素齋，願意以一桌一千元的價碼向你們預訂二十桌素齋，你能幫這個忙嗎？那許多西方人士都非常喜歡吃素。」

我一聽，心想：一桌素齋只要一、二百塊錢就辦得起來了，哪裡需要一千塊呢？會有這麼高的價碼嗎？不過話又說來，辛苦一下，辦個二十桌，就能有這麼多淨財收入，能為常住所用，又何樂而不為呢？

同樣地，我也不疑有他，認為外國人喜歡吃素是很正常的，何況高雄是有名的海運碼頭，輪船行駛到高雄來，觀光客必然會要下船吃飯。我想我是有能力辦這二十桌素齋，給大家吃得歡喜的；再說我一向都有人間性格，能有為社會服務的機會，當然是不會拒絕，也就一口應承：「沒有問題！」

他聽了以後，就回說：「謝謝你。」並且又說：「至於確切的時間，哪一天抵達高雄，哪一天來這裡吃飯，讓我再去跟他們了解、接洽一下。」

我說：「沒有關係，我們的寺院才剛建成，沒有很多的事務要忙，你訂哪個時間都沒有問題。」就這樣，他歡喜而去了。

過了兩天，他又來了，他告訴我這一行人將會在某月某日來到壽山寺。就在一切都談妥以後，他卻忽然跟我說：「是這樣的，稅捐處有一項規定，他們到這裡吃飯繳費的同時，你們需要給付百分之四的印花稅；也就是說，二十桌兩萬塊錢的消費，必須給八百塊錢的印花稅。我是想，你不如先把印花稅支付給我，讓我到稅捐處去辦理一下手續吧。」

我心裡很納悶，心想：「哪裡會有這種還沒有吃飯，就要我先付印花稅的道理？」就像一間飯店，客人都還沒有去吃飯就要先付錢，怎麼好說呢？不都是吃過飯以後才付的？更何況，現在客人都還沒有來吃飯，就叫我拿八百塊去付印花稅，這也實在叫人為難了。我知道繳稅是國民應盡的義務，是不可以賴帳的，但這也得關係到我們是不是已經有那麼一筆收入了啊！一直以來，我們也都沒有過繳稅的經驗。於是，我就說：「你放心！這個印花稅我會預備在這裡，等你們吃過飯，要結帳的時候，連同印花稅收據一併給你。」

他聽了以後，似乎還想說些什麼，但沒有說出口，只有說：「這樣也好！那就等我有了確定的行程之後，再來跟你聯絡。」

到這時候，我都還不知道這個人是個騙子，因為他風度翩翩，言語流暢，看上去是一個很有教養的人，不像是一般的市井小民，或者無賴、詐騙之人。

等他走了以後，我就和信徒共同研究，什麼叫做「印花稅」？寺廟有需要繳稅嗎？印花稅票什麼樣子我都沒有看過，那是要在哪裡買呢？就預先做了功課。當然，我也在觀望著他什麼時候再來。

在了解這許多情況以後，我也就更加明白印花稅的內容。當然，人家是到這裡訂桌吃飯，我們對國家繳稅是應該的，不可以賴帳，只是這一位先生從此也就沒有再來過了。我再次避開上當的可能，也覺得對於社會的騙術要更加注意。

惡質毀謗的貪念

在五、六十前窮苦的社會裡，大家都希望賺錢，雖然我自己一向不貪、不好錢財，但是到了要辦事業，儘管我不貪、不要，錢財還是非常重要。不過，我總想「君子愛財，取之有道」。甚至有信徒要來出功德，雖然他們的捐獻都是真實的，有憑有據，不是騙術，但是有的要求我們替他刻個名字在牆壁上，或者要求提供一個房間，讓他的兒女能到這裡借住讀書等等，我都一概拒絕。因為名為「捐錢」，捐就是棄，棄就是不要，既然你都不要了，又何必提出那麼多的要求呢？所以，我對於這許多信徒的好意也就敬謝不敏了。

我從出家以後就不曾擁有金錢，所以在有了佛教事業後，我仍堅持本著初衷，所有金錢一概不經手。那個時候，儘管我還沒有出家弟子，但是已經有不少在家信徒，他們都是老成持重、非常能幹的人，我就交代他們如何來保管、支用錢財；關於金錢的使用，我一概不接觸，只在講經、說法、開示上用心。也因為這樣，一路走來，在金錢上並沒有給我帶來什麼挫折、掛礙。

除了上述的騙術奇觀之外，在幾十年前，還有一些無聊的人冒充記者，到處揭發他人隱私、給予恐嚇，然後再向受害人說：「你給我多少錢，就能了事了。」像這樣無聊的騙徒，在當時的臺灣社會，南北都為數不少，有的比較善良、客氣一點；有的則是窮凶惡極，擺明了就是要來敲你一筆。

像是在六十年前，我名不見經傳，沒有寺廟，也沒有錢財，只不過是一個出家人，就曾遇到許多無聊的人士冒充記者來跟我化緣，要我幫忙他出版雜誌。我心裡就打量著：你想要出版雜誌，有錢就出版，沒有錢就不要出版，何必要向人化緣來辦雜誌呢？

我猶記得應付這許多人的最好對策。在宜蘭那個小小的縣城裡，每當遇到這種人士上門來跟我談說他的理想，或者說要辦什麼雜誌之類的，希望我能資助他幾百元，我就說：「我作客在此，沒有名位，也沒有薪水待遇，都是靠著一個七十多歲的住持老尼師給我一碗飯吃。因此，對於你的所求，我只有請他來跟你談，但結果如何就得看他的力量、情況了。」

很感謝當時的老住持妙專尼師，由於他不會說國語，所以當那個「記者」來了，和他講了一堆話以後，他總是帶著懷疑的目光問：「你公啥米？哇攏聽嘸。」（此為臺語，意思是你講什麼？我都聽不懂。）那個「記者」看到這樣的情況，覺得既然人家都說聽不懂，話就難以再說下去，也就知難而退。就這樣，妙專老尼師就做了我的擋箭牌，讓我多次在遇到這許多無聊的、冒充文人的敗類時，得以很快地脫身。

除此之外，更有一些惡劣的文人對我說：「我要寫文章揭發佛教裡黑暗的一面。」甚至說：「內容會牽連到你的花邊新聞，不過只要你給我一點錢，我會把這許多事擺平。」也因為我有坦蕩的心胸，所以聽完他的話後，我就說：「佛教自古以來，有所謂『三武一宗』法難，毀謗佛門的事情實在太多了，再多記這麼一點，我想對佛教也無關緊要。」

有的人聽後自知無趣，無可奈何也就走了，但也有的人真的寫成文章拿來給我看，並且說還會有進一步的動作，你可以怎麼花錢消災之類的。不過，我也老實地跟他說：「我沒有錢財去消災免難，我可以憑我的信仰、正派來消災免難。」

所謂「譽之所至，謗亦隨之」，何況我只是一個初出道的無名小卒，並沒有什麼了不起的地方，是不足以給人家作為話題的。諸如此類無聊的事情，雖然感覺到難以應付，但是年少時，還是應付不少，現在也不去一一地記述了。

來到高雄之後，情況也一樣，但我都不為所動。當然，有一、二個人也坦白地對我說他手頭有困難，尤其每逢過年，都會用一、二張紙印刷成像一份雜誌的樣子寄給我，向我拜年。因為這樣的一個好意，我也就送他一本書，或者給他二百塊錢，年年如此，也有數十年之久。乃至，從最初給他二百塊錢，隨著社會物價調漲，後來就給他一千塊。

因為這樣的情況為數頗多，我救濟也救濟不了，對於這許多貧苦的文人，只能盡一點力量而已。不過，有的對我確實也很友好，還會寄來一、二張相片給我欣賞。因此，對於這樣有限度地給予，雖是不怎麼叫人歡喜的事情，但能可以結緣，不要結怨，還是讓我減少了一些社會的葛藤。

也有一些更加讓人覺得無聊的人，他人一來，就跪地向我磕頭，說他是佛教徒，已經皈依三寶，要幫忙弘揚佛法，請我讓他照個相、接受他的訪問。像這樣的情況，既沒有涉及金錢，還是個佛教徒，也表現得虔誠恭敬，當然我對他說幾句話、講幾句佛法，甚至讓他照個相，也覺得不是什麼嚴重的事，但事實上，他拿了照片之後就去發表，說他跟我有什麼關係，甚至報導一些現今所謂的「八卦新聞」。

想到自己一介僧侶，一路走來，都是為社會服務、為人心淨化，但是說實在地，有時候身處這種環境，也讓我們有無力的感覺。

不過，時至今日，臺灣的社會也有了進步，面對這許多五花八門的騙術，或者冒充記者、律師、教授、慈善家的人，都已經不容易有人上當了。哪裡想到，我還是遇上了一次很嚴重的受騙經驗，那一年，我人在日本課徒、弘法。

多年前，我有心想要拍攝一部《唐三藏玄奘西行記》的連續劇，並且已經編好二十集劇本，總覺得唐朝的玄奘大師，實際上對國家歷史、文化、教育等等深有貢獻，有如佛教的孔子，並不是如吳承恩所杜撰的小說《西遊記》所述，因此就將劇名定為「真西遊記」。在一、二十年的準備之下，好不容易累積到足夠的資金，就請來當時華視《包青天》的節目製作人趙大深先生指導，並且與他接洽好要委託什麼人來演這齣戲。

但是，就在這個時候，我們一位管錢的小會計，竟然讓人家把錢都騙去。

錢騙去倒也罷了，不僅玄奘大師的真實故事拍不成，還讓人傳說我們有很多錢財，所以才會被人家騙去，這可說是名譽上的損失。這麼一來，除了徒呼奈何之外，我又有什麼辦法呢？

在人生的道路上，所遇到的真真假假、假假真真、善善惡惡、好好壞壞，很難斷定，所以我們身處在五光十色的社會裡，實在說，就是走一步算一步；只是說，即便是一步一腳印吧，也是非常不容易喔！

不過，我雖沒有跟人化過緣，也沒有存款，一些窮苦的信徒倒是都會來向我化緣；尤其是在兩岸剛開放的時候，臺灣的經濟成長，中國的生活貧苦，我每天幾乎都會收到幾封來自中國向我化緣的信件，他們多半都說要建廟、恢復道場，希望我給予贊助。

當時，我也不管他是真是假，依照對方所寫來的建築計畫，就分成上、中、下三等，給予適當的經費贊助。上等的，我就給一萬塊錢；中等的，給五千塊；一般的，就給一千塊。甚至我對於自己曾經就讀的母院南京棲霞山，還為它建了十一間樓，其中包括教學大樓、放生池等，以聊表我在那裡多年學習、成長，想要報答恩情的心願。

總而言之，關於騙術，有網路騙術、電話騙術、廣告騙術、徵才騙術等等，不一而足。不過，貧僧已經老矣，實在說，不會騙人，也不會給人騙了。只希望這一個世界的大家，要以誠信為本，否則老是欺騙人，再好的西洋鏡，遲早也會給人拆穿的。所謂「菩薩畏因，眾生畏果」，欺騙是不會有好結果的啊！

——星雲大師全集／人間佛教論叢 1

星雲大師小語

活在誠實的社會裡，人人互信互助，世界多麼美好！生存在充滿爾虞我詐的社會上，時時害怕吃虧上當，這樣的人間有什麼可愛呢？所以，我們希望誠實成為社會的風氣，寧可自己吃虧，也不要以騙為勝。

——摘自《星雲大師全集／迷悟之間7．騙騙騙》

青年的力，菩薩的心——走上正念正向之路

「青年」和「菩薩」雖是兩個不同的名詞，但實際上意義是一樣的。因為所有的菩薩都是青年，所有的青年都可以成為菩薩。譬如佛教的四大菩薩，觀音、地藏、普賢、文殊，每一位菩薩都是沒有鬍鬚的青年；釋迦牟尼佛經過出家、六年苦行，三十一歲證悟，成就正等正覺；唐朝玄奘大師二十六歲時孤身跋涉，越過沙漠，到達印度求取佛教經典，沿途還記錄整理著作《大唐西域記》萬餘言，至今仍是研究絲路、西域及當時歷史、地理的重要參考文獻，他當時也是正值青年的黃金時代。

世間各種人都想表現自己的力量。例如，年幼的小孩以哭鬧發洩情緒，表現他的力量；婦女以容貌、撒嬌來表現她的力量；男人或以權勢，或以地位，

或以財富為力量；修行人則以道德、忍耐、慈悲來表現力量。

青年人也有他的力量，《佛光菜根譚》裡有一句話：「春天不是季節，而是內心；生命不是軀體，而是心性；老人不是年齡，而是心境；人生不是歲月，而是永恆。」

青年也不是以年齡來論，有的人儘管已經不再是二、三十歲，可是他們內心的奉獻熱忱，比起青年更加熱烈，可見不管年紀有多大，只要你有菩薩心、有創造力，你就是青年；只要大家肯學習菩薩道，都可以成為青年，更何況古人也說：「人生七十才開始。」

既是青年，我認為青年人應該要具備四種力量和四種心。

青年應有的四種力量

承擔的力量：在世間上做人，將來能不能成功，就看有沒有承擔力。有一次，我與官員相談，談到有關「青年人的承擔」問題。我建議讓現在的青年在二十歲時舉行弱冠典禮，表示成年了，應具備承擔力。

當中有人表示：「過去政府、民間都曾舉辦過青年的弱冠典禮，但只是贈送紀念品、獎牌之類的東西，是否能有更具意義的形式或做法？」

我說可以舉辦青年朋友的講演比賽，讓他們宣說自己的理想抱負，從這當中選拔優秀的模範青年。甚至，讓他們經常在佛菩薩、師長、父母、同學面前宣誓：「我要孝順父母，我要尊敬師長，我要尊重朋友，我要廣結善緣，我要敬愛父母。我現在是成人了，我要承擔許多責任。」必定能增長他們內心的力量。因此，青年的力量，第一要先訓練自己有承擔力。

有一則公案說，有人問趙州禪師：「禪師！你百年之後要往生到哪一個地方？」若是一般人，大多是回答希望能往生西方極樂世界。但趙州禪師卻說：「我百年之後會到地獄裡去。」

信徒說：「你這麼有修行、有道德的人，怎麼會到地獄裡去呢？」

趙州禪師說：「假如我不到地獄裡面去，將來誰去救你呢？」

當然這是趙州禪師的幽默話，但是從這裡可以看出，趙州禪師是位肯承擔的人。

好比過去的臺灣，有人想要找工作，總會想到北部，而不願留在東部、南部，因為各種條件都不及北部好，因此造成這些地方的建設、未來的前途，沒有人肯承擔。雖然如此，仍然有許多人願意留在這許多地方發心奉獻。所以，不論在什麼地方，只要肯承擔、有力量，做什麼事都會有成就。

信徒問趙州禪師：「請問禪師，我們要怎樣參禪，才能悟道啊？」趙州禪師很幽默地站起來說：「這個問題，我沒有時間回答你，我現在要去小便了。」他起身走了幾步路，停下來回頭對這位信徒說：「你看，像小便這樣的小事，都要我自己去。」意思是要怎樣開悟，我怎麼能幫你的忙呢？

很多問題無法交給別人來替你解決，必須要由自己來擔當。禪宗常說「丈夫自有沖天志，不向如來行處行。」凡事要有「捨我其誰」的擔當。譬如身為家庭成員，要有「這個家庭有成就，非靠我不可」的擔當；身為在地居民，對於地方建設，要有「非有我一份力量不可」的想法。社會上的人能有這樣的承擔力，社會必定能祥和。

白雲守端禪師在方會老禪師那裡參禪修道，久久不能開悟，方會老禪師很掛念，有一天在路上碰到他，就問：「你的師父當初是怎麼開悟的，你知道嗎？」白雲守端禪師答道：「我的老師當初開悟的時候，是為了過橋，不小心摔跤跌倒而悟道的。」方會老禪師再問：「何以知道呢？」守端禪師回答說：「我的老師悟道以後作了一首偈語：『我有明珠一顆，久被塵勞封鎖，今朝塵盡光生，照破山河萬朵。』」

方會老禪師聽完這首偈語之後，不但沒有給予意見，還用不好聽的聲音，「哼！哼！哈！哈！」就走了。

白雲守端禪師內心忐忑，惶恐不安：「我哪裡說錯了嗎？老師為什麼這樣笑我呢？」成天飯也吃不好，覺也睡不下。幾天之後，實在忍不住了，鼓起勇氣找方會禪師請問：「老師，那天我和您說了家師的際遇後，您為什麼有那樣的笑聲呢？」方會禪師就說了：「你這個人實在沒有用，這麼沒有承擔力！你看，我們廟前的廣場，那些玩猴兒把戲的小丑們，那樣賣力表演，不就是要博得觀眾的哈哈大笑嗎？而你呢？我才笑幾聲，你就覺睡不好，飯吃不好，好可憐！一點承擔力都沒有，怎麼開悟呢？」

希望各位今後不論做什麼事，不要怨怪別人。要自我檢討，我努力不夠嗎？我慈悲不夠嗎？我智慧不夠嗎？一切自我承擔，就是菩薩青年的力量。

辨別的力量：現今社會許多人的價值觀，正如胡適所講的「差不多先生」，什麼事情都是馬馬虎虎、差不多、得過且過、都可以，這是因為社會大眾缺少辨別的力量。如果青年不具備是非觀念、輕重權衡的辨別力量，那麼將永遠遊走於正邪之間而不自知。

舉例說，佛光山在臺中東海大學旁新設立了一座道場，裝潢公司送來幾張吃飯的桌子，這桌子的材料很普通，價錢也便宜，只是做裝潢的人善於包裝，他將金紙鑲嵌在每張桌子的桌緣，看起來身價就不同了。有少部分的信徒見到，不明所以就批評說：「一個寺廟道場，幹嘛用這麼好的桌子？真是奢侈浪費！」

寺院裡的法師也說：「對啊！我們是道場，使用的物品簡單就好，何必用這種桌子呢？」

我就回答他：「這桌子不是給你用的。你要知道，若不把桌子做得很好，許多有身分地位的人，不會走到這裡做我們的客人，更不會成為佛教的信徒。

所以要把佛教的水準提高，把道場設備做好，那些人才可能光臨。如果說，用好一點的桌子都要遭人非議，那麼阿彌陀佛的西方極樂世界裡，房屋是七寶樓閣、黃金鋪地，不是更奢侈了嗎？」

當初李炳南老居士在臺中倡導淨土法門，說明淨土多麼莊嚴、多麼美妙，引導大家要求生淨土。一個道場的設備若不好一點，怎麼能顯出佛教的淨土之美呢？說話似是而非，知其然，不知其所以然，遊走於正邪之間，這是不如法的。

在佛教常常有這樣的情況，一舉辦法會活動，就會有人站在門口托鉢化緣。有的信徒會去布施，也有人堅持不去布施，因為擔心這些人可能是假和尚，但部分信徒卻說：「真施主不怕假和尚呀！」

如果不去仔細辨別這句話，會覺得這話是對的。其實這句話是「正邪之間」，正因為有這些沒有辨別力量的信徒濫布施，所以才無法分辨所謂的「真和尚」與「假和尚」。明白說，布施的人也不是「真施主」，這叫做「糊塗施主」。我覺得學佛的人，要加強是非善惡的辨別能力。

又比方說，有些人到佛光山朝山會館吃飯，看到有些客人飯菜沒吃完，會館就把剩菜丟到餿水桶裡去，於是批評：「唉！這個寺院怎麼這樣不惜福呀，這個菜明明還可以吃，卻把它丟掉了？」

各位聽到以後可能也會說：「是啊！這個菜很貴呀！吃不下就把它丟掉，實在可惜，怎麼不惜福呢？」如果這句話是一位張師姐說的，下面我就要問了：「張師姐！拜託你，請你留下來，幫我們吃吃剩菜吧！」因為你說一句話很簡單，說完就可以走了，後面卻是叫別人吃這些剩菜。再說，就算信徒願意來吃剩菜，回去後卻宣傳：「到佛光山都要吃剩菜，下次不來了。」又萬一吃了過期食物而中毒，這個法律責任又是誰來承擔呢？

所以類似這種正邪之間的想法、言論，假如我們的青年沒有辨別能力，實在很危險。因此作為一個青年，我們要有辨別的能力與智慧，要能明理，權衡輕重。

有人說：「心好就好了，何必再去信什麼宗教呢？」這樣的話，聽起來像是正確，但若仔細辨別，就會發覺這是不對的。信仰如交朋友、選擇終身伴侶，俗話常說「交友不慎」、「遇人不淑」，一個人交錯朋友，會毀了一生的前途；一個女人嫁錯丈夫，會失去終身的幸福。我們對於對象的選擇，怎麼能不小心謹慎？更何況信仰的對象、宗教，更應該仔細抉擇，確認正信的宗教！

一個人光是心好是不夠的，人生的煩惱從哪裡來？苦悶從哪裡來？憂愁從哪裡來？不如意從哪裡來？一切皆因不明理、沒有明辨是非的力量。信仰更要有辨別力，要知道哪個宗教比較好。如何辨別、選擇正確的宗教信仰呢？

第一、要看宗教的教主，在歷史上是不是真實有的？

第二、要看宗教的教主，是不是真有力量，可以解除我的苦難？

第三、要看宗教的教主，它的教義是不是圓滿，是不是究竟清淨？

有了辨別力，選擇信仰就不至於有錯。

有一個人無論做什麼事都要看黃曆、問地理師。有一天，家裡的牆忽然倒塌，壓到他身上，他大呼救命，叫兒子趕快來救他。他兒子說：「爸爸，你忍耐一下，我先翻一翻黃曆，問一問看風水的地理師，看今天適不適宜動土？」

人為什麼不問自己？不肯相信自己？為什麼沒有辨別是非正邪的力量呢？

希望佛教青年們，每一個人都要增加自己的辨別力。

自制的力量：我常常聽到有人這樣跟我說：「啊！我實在無法控制自己」、「我不能忍耐」、「我是很衝動的，我自己沒辦法」。自己對自己都沒有辦法，誰能對你有辦法呢？

如果我們自己沒有約束自己的力量，那麼處在這個五欲六塵、名利紛雜的世間裡，實在很苦惱。尤其苦難來時不能忍耐；情愛之前無法節制；金錢名利誘惑之下，出賣自己；在權力威武的迫害下，甘受驅役。這些都是需要自制的力量，才能排除的。

信仰最能考驗一個人的宗教情操與自我的自制力。比方說信仰佛教，異教徒來跟你說：「你不要信佛教，你來信我的宗教，我每個月給你二十萬。」這個時候，你是否會為他的金錢所收買？愛情也可以收買我們，所謂英雄難過美人關，不管男女老少，往往在別人的盛情之下，情不自禁。

又如在權力威脅之下，刀、槍抵住我們，你敢反抗嗎？世間上任何一件事、一句話、一個人，都可能動搖我們。要你歡喜，便稱讚你幾句話；要你生氣，就說你幾句壞話。你的歡喜與不歡喜，都可以隨時讓他人操縱、左右。所以，人實在是很脆弱的。

有一個老禪師在打坐，魔鬼想要來破壞他，老禪師如如不動，絲毫不受影響。魔鬼搖身一變，沒有眼睛，老禪師一點都不害怕，反而坦然地說：「這是什麼東西啊！怎麼沒有眼睛呢？沒有眼睛也好，就不會去亂看壞的事情。」

魔鬼一看嚇不走老禪師，又再變，沒有了嘴巴。老禪師一看：「哎喲！這是什麼東西？怎麼沒有嘴呢？沒有嘴也好，就不會說是非，不會惡口、妄言、綺語。」

魔鬼又再變，手也沒有了，披頭散髮，形相醜惡。老禪師還是神閒氣定地說：「哎呀！這什麼東西，又沒有手了。沒有手也好，以後就不會打牌、不會竊盜，也不會隨便打人，做壞事了。」

老禪師見怪不怪，處變不驚，終於讓魔鬼不寒而慄，落荒而逃。就是因為有這種不受外境動搖的自制力，生活才能安然自在。

鼓勵的力量：做人要有鼓勵、帶動的力量。好比一個家庭裡，如果有人鼓勵、帶動，就能增加許多歡樂融洽的氣氛。

有一個人每天煩惱不已，他到寺廟裡找法師，請教如何消除心中的煩惱。法師送給他四個錦囊，並吩咐說：「這四個錦囊不可一次打開，必須在不同時間打開來看。」

到了第二天清晨，這個煩惱人打開第一個錦囊，上面寫了四個字：「到山上去」。他不知道為什麼要到山上去，不過一到了山上，空氣清新，鳥語花香，使他感到神清氣爽，精神舒暢無比。

回家之後，又打開第二個錦囊，上面寫道「你要歡喜微笑」。他就趕緊放鬆面容，調整心情，讚美太太、鼓勵兒子，散播歡喜、散播微笑。家人因為他的心情，也跟著歡喜起來。

到了公司上班時又打開第三個錦囊，上面寫著「誠心讚美人」。他就對科長說，你工作做得很好；又對課長說，你最近很有成績。公司裡的職員聽到主管這樣的讚美，心裡非常高興，工作就更加賣力。

傍晚下班時，他打開第四個錦囊，上面寫著「到海邊去，請在沙灘上寫兩個字『煩惱』」。他就到了沙灘，寫上「煩惱」二字，才剛寫好，潮水一陣沖上來，很快就把「煩惱」沖走了。

當下他體悟到，煩惱不是別人給我們的，而是自己找來的。解鈴還須繫鈴人，要消除煩惱，還是得從自己做起。所以，給人歡喜、給人讚美、給人快樂、給人鼓勵，可以改變我們的生活。

像現在的社會之所以有許多怨偶產生，都是因為夫妻間彼此不善於讚美，缺乏相互鼓勵。例如太太見到先生回來就發脾氣：「嫁給你這個窮鬼有什麼用，嫁給你真是倒霉，想要什麼都沒有。」先生聽到太太這樣的話，真是無比失望，家庭的嫌隙、裂痕慢慢就越來越大。

其實，不管是結婚幾十年的老夫妻，或是新婚的年輕夫妻，彼此相互鼓勵、讚美是很重要的。做先生的要多讚美太太，例如：「今天這個花插得好美麗喔」、「菜煮得真好吃」、「家裡真是整齊乾淨」、「這件衣服好漂亮」、「今天的髮型好美」、「今天妳的笑容真好看」。先生的一點讚美，必定能增添家庭幸福美滿。而太太對先生更要讚美和關懷，比如：「你很能幹」、「你真有智慧」、「這件事虧得你才做得成」。這些話不管是真、是假都很有用，鼓勵的力量是很大的。

佛教青年要學習諸佛菩薩稱讚的力量，像稱念觀音菩薩，菩薩就會尋聲救苦；稱念普賢菩薩的十大願，菩薩就會給你滿足；稱念文殊師利菩薩，菩薩就會賜給你智慧；地藏菩薩說「地獄不空，誓不成佛」，帶給地獄眾生多少的希望與鼓勵。可見得，要成為一個菩薩，要具備多少承擔、辨別、自制、鼓舞的力量，甚至還要有發心的力量、忍耐的力量……

許多公職人員退休之後，漸漸失去力量；很多運動員從運動場上退休後，失去動力，因為他們年輕時所發揮的是肉體上的力量，為事業打拚，卻沒有培養精神慧命上的力量，所以退休之後無所事事，漸漸就感到衰老，這是非常可惜的。因此佛教青年從年輕的時候就應儲備良好的精神力量。

精神道德力的基礎，在於因地的發心。有了青年的力，接下來就要有深遠的菩薩心，才能使力量穩固，永不退墮。怎樣發菩薩的心呢？

青年要如何發菩薩心

要有大願心：一般人求佛拜佛，都是希望佛祖賜給我福報、家庭幸福、生活美滿、事業順利、聰明智慧等，大多都是為自己或家人親眷求，很少為法界一切眾生求。我們學佛應該要發大願心，為法界一切眾生求安樂。

有一次黃檗禪師遊天臺山時，遇到一個舉止奇怪的同參，兩人談笑，一如故人。當他們走到一條小溪前面時，正好溪水暴漲，那位同參叫黃檗一起渡河，黃檗便說道：「老兄，溪水這麼深，能渡過去嗎？」

那個同參便提高褲腳過河，好像在平地上行走一樣自然，他邊走邊回過頭來說：「來呀！來呀！」

黃檗便叫道：「嘿！你這小乘自了漢。早知你是有神通，便把你的腳跟砍斷。」

那位同參被他的罵聲所感動，歎道：「你真是位大乘的法器，實在說，我不如你啊！」

這意思是說，我們要有「自己未度，先能度人」的願力，才是真正菩薩發心。我們不要以為法界眾生不是我，其實我與法界眾生是一體的。假使我的資生日用都很富足，而我生活周遭的人生活卻苦惱貧窮，我每天見到了，是不是心中也會感到苦惱不堪呢？反之，假如我發願給人歡喜，給人信心，周遭的人一定可以感受到你給人的歡喜、給人的信心與熱力。所以要有大願心，願普天之下的人都能享有幸福安樂。

甚至發願捨己為人，發願化身一棵樹，給眾生庇蔭；發願造一座橋，給大家行走；發願常轉法輪，度化眾生改邪歸正；發願使家庭和諧，妻賢子孝，兄友弟恭；發願好好教育子女，使其成為國家棟梁、社會中堅；發心每天讀多少經、念多少佛、說多少好話、多少笑容。這都是一種願力的實踐。

要有清淨心：一般人的心讓成見框住了，所以對什麼事情，總是帶著有色的眼光看待，這樣怎麼能清淨呢？有的人雜念妄想很多，如女詞人李清照所形容，「才下眉頭，卻上心頭」，這麼無常的心念，又怎能安寧、安住呢？

所以不被貪、瞋、愚痴染汙的心就是清淨心；清淨心就是無住、無念、無執著的心。清淨心如「百花叢裡過，片葉不沾身」，如「竹影掃階塵不動，月穿潭底水無痕。」

要有慈悲心：慈悲心是一種無分別、無對待的平等心；慈悲心是人人本具的真如佛性，不必向外求，只要把心靜下來，馬上就可以體證。從真如自性顯現出來的慈悲心，在眼、耳、鼻、舌、身、意等六根門頭生起作用，看人都是慈悲的眼光；聽到的都是慈悲的聲音；說的都是慈悲的語言；慈悲的手為人服務做事；慈悲的心為人祝福回向。

要有般若心：般若是什麼？就是智慧。開發智慧，是改造自己愚痴的認知。人要明理，不明理則會執著、愚痴，胡作非為。所以有人說：「寧與君子理論，莫與小人計較；寧與智者爭論，不與愚者論道。」能夠了解萬物皆是「因緣法」存在，體悟眾生與我同體共生的道理，隨時懂得人我關係相互調換，才能營造美好和諧的生命。因此，用般若智慧來化導愚昧無明，來淨化自己的心靈。

人無始來今，流轉輪迴於六道，身體會毀滅變壞，唯有這個般若真心是永遠存在不死的，所以般若心是大智慧、大光明。

談到「青年的力，菩薩的心」，青年的力，主要是希望青年們有承擔的力量，有辨別的力量，有鼓勵的力量，有忍耐的力量；菩薩的心，則是要我們擁有菩薩情懷，發揮大願心、清淨心、慈悲心、般若心。擁有青年的力及菩薩的心，未來才能在社會上立足。

星雲大師小語

心是人體的主宰。迷惑的人生，心可以把它轉成智慧的人生；邪見的觀念，心可以把它轉成正當的見解；愚痴的行為，心可以把它轉成明理的風範；顛倒妄想的執著，都可以靠著心念的一轉，頓然就是一個開闊明朗的天地。

——摘自《星雲大師全集／迷悟之間5・心能轉境》

貳

改變自己的心態，校正視角

我們無法用相同的自己，

吸引不同的能量，

後退一步，開始觀察自己，

進而成就新的未來。

見不得人好
——正視嫉妒心的爆炸力

佛法在恭敬中求，你不恭敬他人，見不得人好，怎麼能有佛法呢？在中國的文化裡，孔子說「見賢思齊」，意思是說見到賢能的人，我們要向他看齊，請教為人處世上的道理。這是多麼重要的一句話，但事實上，這一句話傳到現在，卻變成了「見不得人好」。

我們看西方文化，他們的社會崇拜英雄，只要你有辦法，他就尊敬你、讚美你、歌頌你；反觀華人文化裡有能力的人，多半會遭受批評、打擊，讓人不得生存下去。所以，富貴不是好事，富貴就有人輕視你，說你為富不仁；也不能有學問，有學問就有人認為你是在賣弄口舌、沒有道德。還有個不太好的觀念，認為除了自己是好人，別人都是壞人，都是低賤者。換句話說，現在的人不但不肯見賢思齊，反而見不得人好，踐踏富貴榮華，踐踏有為的領導者，所以在華人世界要產生領導者、領袖是很不容易的。

有人說，日本人有「鴨子」的性格，只要有一隻鴨子在前面「呱呱呱」，後面的鴨子就會跟著一起向前；而華人則是「公雞」的性格，假如有一個人，像公雞一樣抬起頭來「喔喔喔」，其他的公雞立刻就會過來，把牠的頭啄下去，你算什麼，憑什麼你能抬頭「喔」一聲？所以華人習慣不能抬頭、不能向上、不能有所為，因為有所為，就會有人嫉妒，就會有人來打擊你。

學習見賢思齊

拿我自己親身的經歷來說，我自幼出家，在佛學院的團體裡面，同學都譏笑我五音不全，連法器都不會敲。我想到這是很不名譽的事，既然做了出家人，卻不會唱誦，連個法器都不會敲，這是不行的，所以我發憤學習敲木魚，敲鈴鼓、敲鐺鉿。

當我法器學到有一點基礎時，又有人恥笑我，光會敲法器有什麼用，又不會讀書，成績也不好。一個青少年，被人批評不會讀書，這也非常不名譽，於是我又發憤用功讀書。當我從愚笨的階段，慢慢啟蒙，也懂得一點讀書的道理，這時就有人批評我：「唉！某人光會讀書有什麼用？不會辦事，不會接待，也不會行政，將來有什麼用呢？」

這時候我已經到了臺灣，我想我應該和社會多接觸，要接待信徒，跟信徒來往。這時，又有多少同道批評說：「光是度幾個信徒有什麼了不起？又不會組織信徒、組織教團。」我聽了心想，這也難不倒我，我就來組織青年會、歌詠隊、文藝班、文理補習班等，甚至還向教育部登記，都蒙立案通過。

這時又有人說：「光會組織團隊，又有什麼了不起？又不會講經說法。」我一聽，這也是講得有道理，我應該要學習講經說法。當我有一點講經說法的經驗時，又有人說：「光會講經說法，這有什麼了不起？又不會寫文章。」我覺得這個也是沒錯，我光能說不會寫，這也還不夠圓滿，所以便開始學習寫文章。

當我開始在寫作上，有了一點起步時，又有人批評說：「只是能說、能寫，那有什麼了不起？又不會外文。」我聽了就覺得很慚愧，我不會講英文、日文，過去確實曾花了一段時間來學習英文和日文，但由於我江蘇人鄉音過重，英、日文說出來，發音都不夠標準——甚至，我在臺灣居住了幾十年，連臺語都還說得不太像樣。但是基本上，我仍可以用外語跟人家基本問好、應酬。

這時又有人說：「就光會說幾句『洋涇浜的英文』有什麼了不起？又不能建寺安僧。」就這樣我又發願蓋佛學院建寺安僧。我建寺安僧了之後，他們又說：「光會做事又沒有修行，有什麼用？」其實，我在叢林苦行近十年的時間，這不算修行嗎？也曾經有過閉關，有過禁語，有過過午不食，甚至刺血寫經。我也曾經禪淨共修，光是佛七我就不知道主持過幾十次之多，但是在佛教界裡，還是有人說：「某人不行，只會修行，辦活動……」總之，在別人眼中什麼都不好。

這許多批評看起來是對我的傷害，其實也不盡然，感謝他們對我的批評，讓我以他們為老師。你批評我，我就學習，再骯髒的汙泥都不要緊，我只要做一朵清淨的蓮花就好。所以，儘管外面的風風雨雨，對我都是過眼雲煙，我從不計較。

其實，這許多情況大抵是由於同行相忌、見不得人好的心態。我自覺我對佛教有一點公德心，有一點慈悲的觀念。就說弘法利生，連這麼一點「佛教靠我」的觀念也不為人所容，這多是佛教界同行相輕，不歡喜人好的原因。

再例如，我是外省人，生長在中國江蘇，我在一九四九年到了臺灣，但是這幾十年來外省的同道都對我不太好，反而是臺灣本土的信徒都與我相交、往來、互動密切。

我又想到，我是一個出家人，應該出家人會對我好一點；實際不然。我就感覺到出家同道們都不太喜歡我，反而是一些在家的信徒、學者，甚至是天主教、基督教徒、神道教徒，和我的往來比較頻繁。

我是一位男眾比丘，我心裡也在想，應該我們男眾比較同類相聚，會比較合得來，但是在佛教界的男眾，我也覺得他們不喜歡我；反而是臺灣的比丘尼，對我的恭敬、信賴，超越這許多的男眾。

總之一句，好像是佛教裡講「魔王在哪裡？魔王在你的身旁，魔王在你的心裡」，我覺得確實經典裡所言不虛，越靠近我們的人，越是給我們磨難，給我們壓力；反而是有一點距離的人，大家相敬如賓，大家同心同德，有一種共同為佛教復興的共識。所以，對於見不得人好，我就深有同感。

抵制「同歸於盡」

或者你會認為這只是我個人的事例，我們進一步談社會現況。許多人有仇富的心理，看到富人都會要批評幾句，認為富有是罪過、是罪惡；凡是一個人受人恭敬，有學問，有道德，也有人不服氣，總要給人幾句批評，給人落井下石，他才會有快意。

比方說，有人跌倒了，我們一定會很驚慌，心想跌傷了沒有？要不要緊？趕快把他扶起來，這個才是正常的反應；但是有一種人，他看到你跌倒了，他卻哈哈大笑。這種幸災樂禍的心理，我也無以名之。我就把這一類人歸為「同歸於盡者」，因為有同歸於盡的心理，所以見不得人好。

我們要復興中華文化，首先要能改進人的心態，我覺得這要從基本上來用心。所謂在基本上用心，從佛法來說，就是指佛法在恭敬中求。你懂得恭敬、包容，才有佛法。還是孔子說得好，要「見賢思齊」，你能見賢思齊，自己才會進步、成長，不要光是見不得人好，這種「同歸於盡」的心態，這個也不好，那個也不好，那到底誰好呢？而你總是在批評別人，又何嘗是好呢？嫌棄大家都不好，這不是讓大家都同歸於盡了嗎？

因此，我們不能老是有這種同歸於盡的心態，必須要有所改進，彼此要心心相融才有前途。就像品種要改良，好比數十年前的臺灣水果，香蕉不大、鳳梨不甜，但是經過農業技術的改良，現在臺灣的香蕉聞名世界，鳳梨香甜可口，揚名國際，遠近馳名。

所以，在復興文化上頭是不是也要有所改良、重新換取性格？例如中華文化裡講「溫、良、恭、儉、讓」的美德，我們應該要好好地把它發揚光大。但是，現代的中國人或許欠缺謙虛心；像在西方，排隊是一種美德，但連這點我們都不俱全，經常爭先恐後，雜亂而沒有秩序。所以上海曾經因為擁擠而踩踏、壓死過幾十個人，每逢公共汽車、火車一靠站，大家就蜂擁而上，誰也不讓誰。其實，要是能循序排隊，這多好啊！反而是擁擠、插隊、爭先恐後，大家因為混亂而拖延時間；假如循序排隊就不會慢，反而更快了。

又例如「輕聲細語」，這也是傳統文化的美德，但是現在卻不復存在了。現在的人，都是看誰的聲音大；你講話我不聽，而我的聲音要比你的更大，更要讓別人聽到。大家都是在比誰的聲浪大，聽到別人在講話，都不肯讓別人把話說完，這實在是不禮貌的行為。

但是，我們都不顧這許多禮貌、禮儀，都歡喜爭先恐後，都歡喜插隊，歡喜粗言惡語，所以這一種心態，就是見不得人好。不想別人先得到利益，凡事喜歡自己搶先一步，造成這個社會的混亂。

「見不得人好」這句話，看起來平淡簡單，但實際上如果這句話在整個社會中成為一種風氣，成為一種人民普遍的心態，那這個國家就不可愛了。甚至如影帝李連杰都說：「我是中國人，但是我不愛這個國家。」為什麼呢？因為人民的道德不好，人與人之間最起碼的尊重、包容、讚美都沒有。

例如，我們在西方看到男士都是讓女士先行；看到女士走進來，男士都要起身讓座給女士，在西方是這樣尊重女性的。甚至，天冷要出門時，男士們會拿起女士的大衣，幫她們披上去，這種對女性的尊重，把女士看成是女神、天使般地愛護。

但是在中國，女人算什麼？女人講什麼話？這裡有女人講話的地方嗎？不把女人當作人，而把女人當作掃帚星、當作蛇蠍。這種男女不平等的關係，難道就是男人的尊嚴嗎？

我覺得男人有男人的優點，女人有女人的美德，所以彼此要互相尊重，互相讚美，要見得人家好，要會讚歎。「隨喜讚歎」這個修行的法門，必定使人有所進步。而見不得人好，勢必會使我們的社會落後，這就只能讓大家互相摧殘，大家互相同歸於盡。所以見不得人好，這種心態實在有改進的必要。

體悟老二哲學

見不得人好，其實就是一種「酸葡萄」心理，看不得別人比自己更好，內心覺得不公平，因此產生種種比較、計較、嫉妒，不厚道、不肯吃虧的心理因素。所以，為了這許多不好的心態，我就寫了一首〈十修歌〉，提倡大家要給人讚美，要能不計較、不比較，做人要厚道，學習吃虧等等。這首〈十修歌〉的歌詞，我列出來給大家參考：

一修人我不計較，二修彼此不比較，

三修處事有禮貌，四修見人要微笑，
五修吃虧不要緊，六修待人要厚道，
七修心內無煩惱，八修口中都說好，
九修所交皆君子，十修大家成佛道，
若是人人能十修，佛國淨土樂逍遙。

〈十修歌〉說的都是為人處事的心態，是修身養性的善法，如果人人都能實踐〈十修歌〉的精神，那麼我們還怕這個社會不和諧嗎？所以說，要「與人為善」、要「見賢思齊」、要「從善如流」。

現代的心理學家發現了人類的「同類反應法則」，也就是說人際之間的交往，是一個雙向互動的過程。當別人給我們一個微笑或善意的舉動時，就會引起我們有好的體驗與反應；反之，當別人以強凌弱，以多欺少，即使我們處於被動的地位，也會奮起而反抗。

所以，孟子說：「愛人者，人恆愛之；敬人者，人恆敬之。」我們都應該在生活中對他人先釋出善意，與人為善者，必能獲得好因好緣，也能獲得大眾的擁護與愛戴；反之，見不得人好，時時在內心與別人為敵，必定會為自己製造更多的敵人，使自己不得自由。

所以說對立、仇恨、嫉妒、致人於死、見不得人好等等都是「黑暗」的心理。你升官了，他就恥笑你好吹牛拍馬屁，終於讓你得到一個官位了；你發財了，他就說這個小子憑什麼能發財，老天爺真是沒有眼睛，像他這種人竟然也能讓他發財。總之都是嘲笑、譏諷，不肯讚美、不肯給人成就、不肯做好人好事。

比方說，過去政府也有提倡好人好事代表，可是現在卻不得人提倡，也沒有人重視了。不是因為沒有好人好事，實在是因為好人好事只有少數，我們要讓這個社會的好人好事變成多數。而要能讓好人好事變多，就必須要見得人好；看到別人的成功，要歡喜、要崇拜、要讚美，大家都往好的方面去做，大家都學習說好話，那麼我們的社會不就進步、成長了嗎？

所以說「不要對立」，現在的社會黨派對立、企業對立、種族對立、男女對立，造成了社會的分裂，而結果就是兩敗俱傷。其實企業賺錢，你賺你的錢，我賺我的錢，大家各憑本領，何必一定要靠打擊你，才能賺到錢呢？這些都是不良的心態。

我們的社會應該要推動良性競爭，就好比如果有一個黨連續好幾年都不能執政，那麼另外一個黨就要培養它，讓它可以重新站起來，有力量競爭。但我們的社會非要把人壓制，讓人置之死地而不得復生才甘心。

所謂「見得人好」，其實就是「成人之美」。如孔子在《論語．顏淵》中說：「君子成人之美，不成人之惡。小人反是。」也就是說，君子有成人之美，肯成就他人的好事，而不是成就他人的壞事；而小人則是見不得人好，甚至喜歡幸災樂禍，落井下石。

有個故事說，有一個人剛買了雙新鞋，歡天喜地出門去，結果在搭火車的時候，因為人多擁擠，不慎在上火車前被擠掉了一隻鞋。眼看火車已經鳴笛啟動，也來不及下車去撿月臺上的那隻鞋，就在火車即將開走之際，說時遲那時快，他突然將腳上的另一隻鞋脫下，丟出車窗外。

這時站在他身旁的朋友，不解地問他：「你為什麼要將腳上的另一隻鞋也丟下車去呢？」只見他說：「反正我這一隻鞋穿在腳上，也已經不成雙了，與其帶回去丟掉，不如丟下火車，說不定可以讓火車下撿到鞋的人，因此而獲得一雙完整的鞋，我又何樂而不為呢？」

其實，這就是成人之美，簡單的一個心念，簡單的一個動作，卻有成就他人的好心好意，這也是一種隨喜功德。反之，我們看歷史上也不乏「見不得人好」，不願意「成人之美」者，最終都因為嫉妒別人而受害。

所謂人比人氣死人，像三國時代的周瑜，年輕得志、文武雙全，但卻性格衝動、好勝心太強。他自恃才高，認為自己的才能不輸給諸葛亮，偏偏每次都讓諸葛亮占得先機，最後輸給了孔明先生，因此而有「既生瑜，何生亮」的怨嘆。

又如戰國時期的龐涓與孫臏，本是要好的同門師兄弟，但因為龐涓見不得人好，深怕軍事謀略比自己強的師兄孫臏會搶了自己的風采，所以便在魏王面前誣陷孫臏。聽信龐涓讒言的魏王，以極刑剜剔孫臏的膝蓋骨，並且在他的臉上刺了「私通敵國」四個字。

後來，孫臏為齊國大將田忌所救，並被齊王重用任命為軍師。田忌也在孫臏的出謀劃策之下，以「圍魏救趙」和「減灶誘敵」二次戰役中，戰勝了龐涓所率領的魏國兵力。而最終，龐涓在馬陵之戰，死在自己的自負中。

我們觀看古往今來，凡是見不得人好的人，總是容不下別人，無法與他人同心同德，最後不是死在自己的自負中，要不然就是兩敗俱傷，可見得「見不得人好」，當引以為鑒。

回想我這一生，一向以「老二」自居，我推動「老二哲學」，並且認為做個「老大」能夠領導群倫，固然很好，但若能做個「老二」去成就別人，也很偉大。

歷史上，項羽打天下，結果竟是劉邦得天下，又如陳友諒先自立稱雄，南征北討，後來卻是朱元璋統一大局，坐上王位。所以說，世事不必強求，只要因緣具足，自能水到渠成；因此，肯當老二的人，必然樂於成就他人的好事，而能夠成人之美者，則不會見不得人好。

過去的臺灣，在朝野勵精圖治之下，經濟、政治各方面都迭有進步；如今卻是金權、暴力充斥社會，貪婪之風甚囂塵上，朝野互鬥，大家都不願意成就他人，形成政黨惡鬥，兩敗俱傷。這許多亂象，究其原因，不外是追逐名利，見不得人好，每個人都想爭做「老大」罷了。

因此，我們如果想要展現成功的人生，必得先從「老二」做起，不強出頭，隨緣隨分；如果能在服務奉獻當中成就他人，在努力工作中實現自我，那麼不管現在或將來，是否能當上別人的「老大」，至少，你已經做了自己生命中的主人。

——星雲大師全集／人間佛教論叢 1

星雲大師小語

所謂存好心，就是修心，淨化我們的意念。把愚痴的邪心，換成慈悲智慧的佛心，例如：不要有疑心、嫉心、貪心、瞋心、惡心，而要懷著慈心、悲心、願心、善心、發心等，「照顧念頭」，念念是慈心，自然所遇的都是善緣。

——摘自《星雲大師全集／佛法真義1・三好》

負面人生
——練習積極正向看世界

一個作家寫作的時候，一定會希望自己的作品有內容，能暢銷、有光明面、有積極的作用。這是一個作家正常的心態，必定會有正面的思考。

一個畫家畫一幅畫，也一定希望這一幅畫有怎麼樣的布局、怎麼樣的色彩，什麼樣的畫面才能美麗，他不會把這個畫面搞得亂七八糟、烏漆抹黑，給人看得不像一幅畫，這個就叫做負面的作風，也沒有人願意如此。

一個做官的人，最初也希望為民服務，為國家效勞，做一個好官；但是，經不起政治的漩渦，社會的各種誘惑，所以受了負面的影響，淪為貪官，甚至鋃鐺下獄。這樣的官員，一下子登天，一下子墮到地獄，這都是正面、負面給他的影響。

有的人說話口無遮攔，隨便發言，容易引起爭議，就如一位有為的官員，因為講話比較沒有政治的術語，所以到處遭人批評，留下負面的評價。但有一些官僚很會做官，即使一事無為，但是他跟人講話都是朝好的方面去講，給人歡喜，讓人感到有希望，由於是積極的語言、正面的待遇，總還是讓人覺得歡喜。

所以世間上，什麼叫好人？什麼叫壞人？好人都是正面的，從正面辦事，從正面待人，從正面說話，從正面服務。如果不是一個正面的人，就如一個作家胡說亂道，一個畫家隨意塗鴉，一個說話不經過大腦，說出來的話都得罪人，那麼這個世間上的是是非非、好好壞壞、善善惡惡，即使是正面的，也會變成負面的。

最醜與最美

我們看這個世間，什麼是正面的？什麼是負面的？除了上述這些事以外，如有人滿口的仁義道德，滿肚子裡卻都是男盜女娼，我們就說他是偽君子；我們預知那個人不會講正面的好話，就說他「狗嘴裡吐不出象牙」；一個人每天愁眉苦臉，吝於給人家一個笑容，我們就說那個人是陰暗的人、面孔有如殭屍；一個人的性格古怪，不肯和眾、愛眾，不能和大眾相處，他就不能為人所接受，一生坎坷潦倒，因為他是負面的人。反之，一個正面的人，凡事都是想到正派，想到光明，想到積極，想到善美的前程目標。

我們眼看今天臺灣的媒體，或多或少在傳播負面觀念，一件好事醜化成壞事，認為這樣才有讀者；一個好人不正面表揚，總要把他醜化，甚至謊言報導，才覺得會吸引人的注意。這種攸關大眾人心、社會風氣，卻都是妄言，都是負面，都是黯淡，都是醜化，那麼我們的人心、周遭環境，好像沒有了正義、沒有了光明，沒有了善良；因此，就不得不讓人反思這個人間到底可愛不可愛？

一個可愛的社會，有正義、有公平、有希望，都是正面的；但是，我們現在的社會，讓一些人只圖私利、只圖眼前刺激的影響，到處說謊、胡作非為、戕害人心、破壞人心的和諧，這樣的社會怎麼會可愛呢？只會往下沉淪。反派的人生、負面的人生，就好比我們看一齣戲劇，所謂的精彩，都是故意要製造一些負面的、反派的角色，讓人來議論批評，這樣的戲劇就會有人看。

但是，一個正當的傳播媒體，應該負起國家社會的責任，建設光明、正義的人生，不應該只是朝負面面向報導。有時候我們在新加坡、馬來西亞，看到那許多記者都是兢兢業業、據實以報。不是不可以對國家、對社會、對人物批評建議，但都是朝正面、積極、真實去撰述，不說謊言，不捏造事實。

反之在臺灣，如一位首長參加會議遲到了五分鐘，媒體可能就加油添醋地說「某某官員在家裡睡覺」；如一位老師上課，車輛堵塞遲到了五分鐘，媒體就說「老師欺負學生，不高興教這一班學生」等這種誇大的言論。

因此就有人說，媒體是「製造業」，專門製造許多虛妄的報導，引人走上黑暗的道路，讓社會正派的人士見到記者好像也都會畏懼幾分。

有些記者對自己的工作也感到很無奈，比方明明是一則正面的報導，但是到了編輯部那裡，主管說這樣的文章沒有人看，堅持要他反過來寫，才會有讀者。也有記者採訪了一些關係人物，他原本是從正面來寫，可能第二天發表卻都改成負面的。你說，那許多被報導的地方人物，對這些記者又怎會有好感呢？

一個社會不能從正面去發展，無論政治、經濟、媒體等等，整個社會都走上負面的道路，讓社會向下沉淪，讓人心下滑。所以天堂與地獄在哪裡？天堂與地獄不就在人間？我們可以把人間創造成天堂，但我們的媒體卻把人間報導成一個地獄。

中國到臺灣旅遊訪問的人士說，臺灣最美麗的風景是人，那是因為他們接觸的飯店、觀光區，那些觀光接待人員的友善、微笑，給予照顧、提供服務，常說「謝謝」、「對不起」，讓中國人覺得臺灣人有禮貌、有文化，所以覺得人的風景最美。

但是，除了這些服務的人士以外，我們再看看別的，臺灣的社會現象還有另一面。例如臺灣的媒體是美景嗎？我們知道全世界看臺灣媒體的報導，不是立法院打架，就是官員貪汙，哪裡鬥毆、哪裡凶殺、哪裡抗爭、哪裡欺騙。許多所謂的名嘴，在談話性節目上醜化別人、無的放矢，認為這是言論自由。他們卻不知道，這對社會的傷害是無比嚴重啊。所有的社會領袖，都被這些負面不實的言論摧毀了，你說，這個國家怎麼會有希望呢？

所以，就有一些人士很希望為臺灣出版一份「更正報」，凡是今天負面、不實的報導，他來做個更正。這就是正面和負面的相對壘。

提升思考力

世間為什麼會有這種正邪的對立、善惡的對立、好壞的對立、是非的對立？因為本來世間就是一半一半的，所以有所謂好的一半，壞的一半；光明的一半，黑暗的一半；正面的一半，負面的一半；善的一半，惡的一半；佛的一半，魔的一半。我們覺得很奇怪，為什麼要讓自己去做壞的一半、負面的一半呢？這對自己有什麼利益呢？

人生的道路，不是一時的，甚至不只是一生的；人生的道路，今生還要走很遠，你能一直以妄言說盡嗎？未來你還能用謊言欺騙一世嗎？

有個故事說，有個作家專門寫黃色新聞，誨盜誨淫，引導青年走上邪路，做一些反面的教育。

有一天，墮到閻羅王那裡，聽到閻羅王審判：「張三，你搶劫、偷盜、詐騙，罰你到第九層地獄去受苦，期限二十年。」「李四，你在人間殺人放火，壞事做盡，罰你到十二層地獄，判你五十年罪刑。」

接著閻羅王又說：「某某作家，你寫的書都是負面思惟，讓世人因為你的文章而墮落，受你的影響，不做好人；現在應該判你下十八層地獄。」

這個作家聽了很不服氣說：「閻羅王，我只是一個作家，寫寫文字，我沒有殺人放火，也沒有搶劫偷盜，他們都判得那麼輕，難道我應該在十八層地獄嗎？」

閻羅王說：「他們殺人放火還只是個案，但你那些負面的作品，繪聲繪影、男盜女娼，社會普遍受你的報導影響，讓大眾看不到人性的光明，你這個惡人教唆人們做一些醜陋的事，可以說他們的罪刑都是因為你的文章在後面幫腔作勢，實在罪不容誅。必須等到世間上你那許多文字言論消滅以後，你的罪刑才可以減少，才可以重生。」

這說明文字的力量是很大的，對於負面的傳播、說謊者的代價，看起來只是語言表達，可是因果必定會跟隨著你，且一定如實評價。如是因、如是果，你以為說謊，你以為造謠，你以為可以筆下稱意為之，人家也奈何不了你嗎？可是因果必定不會饒你的。所以，世間上負面的人，實在要好好思考。

因為這樣的關係，我們就想到，歷史上多少人物因為為人正派能讓我們歌頌，如關雲長的忠義精神、岳武穆的忠貞愛國等。而在杭州西湖旁，秦檜跪在岳飛墓前，一首聯語「青山有幸埋忠骨，白鐵無辜鑄佞臣」，所描寫的意境不就把正、負面的人生表現得淋漓盡致了嗎？

歷史上很多正派人士，甚至皇帝要砍他的頭了，他都要說：「陛下，讓老臣把話說完，你再砍不遲。」他就是面臨死亡，也要表現正面的一廂忠誠。反之，歷史上那些跳梁小丑，好比來俊臣、秦檜、魏忠賢等，過的就是負面人生，甚至認為「不能留芳百世，也要遺臭萬年」，一個個的下場、一個個的苦況，其結局之淒慘，真是怵目驚心，讓人家不敢想像。

其實，不一定指傳播界，現在宗教界的邪師、邪術也充滿著整個社會，詐騙的手法，一樣引人入迷。有的自稱活佛、有的自稱無上師，有的自稱具有神通，一片鬼話連篇。據聞毛澤東起來革命的原因，就是因為討厭中國人談神說鬼，迷信不當的行為迷惑了社會，因此不禁要為國家社會革故鼎新。

就是譚嗣同等六君子、黃花岡七十二烈士、孫中山等，他們也都是要革除舊思想、舊惡習，希望創造正面的人生；雖然生命犧牲了，他們還是為歷史留下重要的一頁。我想，聰明的人，可以想一想，為什麼不做正面的人生，而要做負面的人生？一個負面的人生，無論從這一說、從那一說，實在都是划不來的。

人性如水，往上流很難，往下流卻很容易，所以正常的人性應該要往上提升，而不要往下墮落。儒家就提出，顏回臨死的時候，身上蓋的一塊布，蓋到頭就蓋不到腳，蓋到腳就蓋不到頭，旁邊的人說把布斜過來，他太太說：「不能，我先生一向是個正人君子，寧可正而不足，不可斜而有餘。」

在佛教裡面也有所謂「八正道」，確實，你能奉行八正道，就會有真善美的未來，你就會有好因好緣的人生。

八正道：正見（正當的見解）、正思惟（正當的思想）、正語（正當的語言）、正業（正當的行為）、正命（正當的生活）、正精進（正當的努力）、正念（正當的意念）、正定（正當的禪定）。

佛教說「自業自受」，基督教也說「你要怎麼收成，就要先怎麼栽種」，這都還不夠讓我們思考人生應該從正面發展，而不應該從負面沉淪嗎？這不是誰對誰錯、誰大誰小、誰好誰壞的問題，這攸關自我的幸福或受苦、自我的上升或墮落、自我的超越或束縛，都只在一念之間而已。是正面的菩提解脫？還是反面的煩惱苦難？只是一正一反而已啊！

佛教說，一心開二門，人生有兩條道路，一條善的路，一條惡的路，善的道路起端是坎坷，你走過了坎坷的道路，前面是平坦的康莊大道；負面的道路開端看似平整，但是越走越狹窄，到最後走投無路。

正面的人生，有幸福、有安全、有快樂、有希望、有未來；負面的人生，只有黑暗、自私、鬥爭、詐騙，你說會有好的結果嗎？天理能這樣不公不義嗎？可以思之，思之！

星雲大師小語

懂得順勢的人生，必然會一帆風順，前途順暢；如果不能順勢，逆天行事，則會大事不妙。不當的侵略，無法獲得人民的支持，必然失敗；不當的言論，不能順勢讓人信服奉行，必然遭到反彈；硬是逆著人情、義理，給人傷害、糟蹋、漫罵，必然會遭到不好的反應。

——摘自《星雲大師全集／迷悟之間10．順勢》

小，不能忽視
——積小成大的威力

一般人皆貪多求大，即使在目前日新月異的時代裡，世人以短小精薄為美，也多從其眼前的實用利益著眼，例如：小書易於攜帶，小車便宜省油。

其實，就在我們的身邊，有許多「小」而不起眼的人、事、物，其未來性往往不可限量。例如：「小」砂石混在水泥中，可以建高樓大廈；「小」螺絲釘鎖在大機器中，可以運轉生產；「小」水滴不斷滴下，力可透石；「小」火星足以燎原；河床中一塊塊「小」土的沉積，可以讓流水淤塞；「小小」的一句話，足以影響一國之興衰；一文「小小」的布施，或能濟人燃眉之急；一絲「小小」的微笑，給人信心無限；一聲「小小」的愛語，散播了歡喜與鼓勵；每日一件「小小」的善行，足以廣結善緣；聽了一則「小小」的故事，可以發人深省；「小」兒童是國家未來的棟梁；「小」王子長大可以繼任王位，統治全國；「小」不忍，即足以亂大謀。凡此皆說明了「小」之不可忽視。

小小舉動獲益大

記得幼時，母親多恙，我常在病榻前為她讀誦故鄉揚州七字段的故事，母親則糾正我所念錯的字，日積月累下來，我不但跟著不識字的母親認識許多字，培養我閱讀的興趣，更增長我忠孝節義的觀念。現在想想，童年時「小小」的孝心，竟成為我希聖希賢的啟蒙因緣，真是不可思議！

及至稍長，家人送我到私塾讀書，一天，無意中看到附近讀洋學校的小朋友的課本上有這麼一段話：

短衣短褲上學校，從不遲到一分鐘。

我將這句話謹記在心，並且琅琅上口，奉為圭臬。直到現在，我向來為人所稱道的守時守信習慣，實則源於這「小小」的一句話。

回想超過半個多世紀以來的出家生涯，我在佛法大海裡，也經常自「小小」的一瓢飲中，盡嘗無邊的法味。

青少年時，於各處參學，無論是一合掌，或一頂禮，雖是「小小」的動作，我都儘量表達內心的誠敬；向師長的一請示、一報告，即使是「小」事一樁，我也盡己所能述說得適當合宜。猶記得至金山寺掛單，苦候五個小時沒有人理我；到毗盧寺參訪首座，等了三天不蒙接見，在這些「小小」的等候裡，我學到了逆來順受、虛心耐煩，從中獲益甚大。

我也曾在多位老和尚座下忝任侍者，每天供應三餐，佇立侍候，添飯加菜；有時參加燄口法會，我側立在七大師身旁，寸步不動達八小時之久。這樣的兼職侍者，一做數年，雖然異常辛苦，精神上卻備感充實，因為我從那些長老大德的行誼中，學習到做人處事的禮貌與進退時空的分寸。由於從事這些「小小」的工作，我深深地體會到佛法的大用，使我於忙中不覺忙，苦中不感苦。

出家剃度時，我最尊敬的融齋法師為我提取法名——「今覺」，並且告訴我：「不可以『小』看這兩個字！能夠當下做到，就不愧出家學道。」我從此將這「小小」的一段話印烙心田，並且時有所感。後來，我一直鼓勵學生或信徒，學佛修行，貴在每日反觀自照，「小」覺「小」悟，久而久之，自能大徹大悟。

我雖是家師志開上人唯一的入室弟子，但是並不因此而享受殊遇，有的只是更嚴厲地苛責。十六歲那年，染患瘧疾，時冷時熱，乏人照顧，正在奄奄一息之際，家師遣人送來一「小」碗鹹菜，給我配稀粥吃，令我感動涕零，旋即立誓盡形壽以身心奉獻佛教。一「小」碗鹹菜引發大願，固不足為外人道，憑著這一點「小小」的感恩心，使我在人生旅途中歷經千辛萬苦，猶能百折不回，而未嘗稍改初心，才是我這一生中最大的收穫。

十八歲時，至常州天寧佛學院，因名額已滿，無法如願就讀，想去禪堂參學也遭拒絕，只好任職行單行堂。一位糾察師送我一雙襪帶，這是我參學期間所收到的唯一禮物，東西雖「小」，卻使我從此學會了廣結善緣。

十九歲時，來到焦山佛學院讀書，客堂知客師慈悲，不但笑容相迎，還幫忙攜拿行李，招呼送單。當時，我還只是一名年輕的學僧竟能受此禮遇，心中真是感動不已！這段人生中的「小」插曲，對於我日後待人處世，有著莫大的影響，我畢生提倡「給人歡喜」的信條，不就在這「小小」的事件上透露出無限的深義。

小小腳步傳佛音

一九四九年，國共戰爭情勢危急，我與另一位同窗相商後決定，他留守在中國與常住共存亡，我則渡海到人生地不熟的臺灣，大家分頭發展，為佛教的繼絕存亡盡一己棉薄之力。四十多年來，我念茲在茲，為開拓佛教而努力不懈。每當遭遇困境，憶及與彼岸故人之間這個「小小」的承諾，心中自然就會產生一股巨大的願力，激勵我奮發堅忍，終能衝破難關。兩岸開放後，我四處打聽他的消息，終於與他取得聯繫，並且盡力給予資助，主要正是感念當年彼此心繫佛教的這份「小小」共識。

一般人對於我能站在臺上，面對數以萬計的聽眾廣開大座，感到欣羨，其實，這又何嘗不是從過去「小」型的布教中，累積多次經驗而有的成果。

一九五三年，我應李決和居士之邀，到宜蘭雷音寺弘法。記得初次上臺講經時，我手腳發抖，為了不被察覺，只得雙手抓緊桌緣，好不容易下了臺，才發現自己全身已是汗流浹背。隨著說法次數的增加，我的膽子壯了，風儀也有了改進。後來踏入國家的殿堂，更頻頻走上世界的講壇。此時的心情，既是為現在信眾的聞法虔誠而感動不已，更是為過去信眾的慈悲成就而升起無限的感恩。

二、三十年前，臺灣民眾對佛教還不太了解，為了使正信的佛教深入民心，只得挖空心思，設計各種活動。一天，我福至心靈，想到過去佛陀時代以音聲傳教，但是卻苦於當年並沒有什麼佛教歌曲，便自己動手寫詞，請楊勇溥先生譜曲，把當地優秀青年一起帶到佛教中來。後來這些青年組成歌詠隊，跟著我上山下鄉弘法布教，每次風塵僕僕而去，披星戴月而返，一支支「小小」的佛曲就這樣傳揚開來。

多少民眾雖然識字不多，但是被歌曲的詞意所感動而法喜落淚！多少人不慣聽聞深奧的佛法，卻在悠揚的聖樂感召下欣然入教，五〇年代的臺灣，民風還很保守，這一支「小小」的隊伍，卻以其朝氣蓬勃的歌聲橫掃蘭陽地區，遍灑菩提種子，後來我們還突破窠臼，將佛教聖歌、讚偈等錄製成唱片，以另一種型態來呈現佛法妙意，令人耳目一新！一張張「小小」的唱片就這樣將佛教帶入各個家庭。

「宜蘭念佛會」的成立，是我與信徒們共修的開始。接著，臺北念佛會、龍岩（糖廠）念佛會、頭城念佛會、羅東念佛會等等相繼成立，這些講堂的規模雖「小」，卻接引很多人學佛修行，成就了多少法身慧命。一九九二年，我到英國主持倫敦佛光協會成立大會，與副會長趙麗珠小姐會面，她首先興奮提起三十五年前我曾送她筆紙文具的往事，由此大家打開了話匣子，從其父親龍岩糖廠廠長趙望先生當年在廠內設立共修會之種種，談到目前她對國際佛光會的展望與抱負。時光真有如白駒過隙，孰能想像眼前這名豪氣萬千、積極在異域推動佛教的護法，正是過去那個乖巧恬靜的「小」女童呢？而最可貴的是，「小小」的念佛會成就了殊勝的法緣，緣緣相牽，脈脈相傳。

一九五七年，張優理（慈惠）、吳素真（慈容）等首開佛教在電臺布教的先例，於民本廣播電臺製作主持三十分鐘的定期節目《佛教之聲》，沒想到乳燕初啼，一鳴驚人，接著又應中國廣播公司之邀，再闢《覺世之聲》。這些當年與我共寫歷史的青年們，均先後隨我出家，我們胼手胝足，由宜蘭雷音寺的弘法到高雄佛光山的開山；由國內各別分院的建設，到遍布世界的佛光寺與佛光會的成立；由「小」型的共修會到大型的國際活動，一晃數十載，我們由無到有，弟子們皆都成為當今教界舉足輕重的長老了。

小小心念結萬緣

年少時非常喜愛讀書，每於晚上開大靜後，躲在棉被裡，拿著一炷香偷偷地閱讀默記，夜夜如此下來，居然也背了不少古文佳作，讀了不少章回小說。拜這點「小小」香光之賜，我奠下些許國學基礎。

記得十八歲在焦山佛學院念書時，有一天心血來潮，塗鴉「小詩」數首，並且試著投稿，不意這篇「小小」的處女詩作竟在《江蘇新報》上披露，令我喜出望外，引發了我對文學的興趣。

二十五歲時，我在臺灣佛教講習會教書，承關凱圖老師在任課之餘，發心教演培法師和我六個月的日文，憑著這點「小小」的文法基礎，我將智道法師贈我的一本日文佛典譯成中文，並承王鄭法蓮老居士贈紙、聖瑞法師出款、聖印法師謄清、心悟法師校稿、竺摩法師題字，《觀世音菩薩普門品講話》的中文版終於問世了！一本薄薄的「小」書，由這麼多因緣和合而成，不也是觀音菩薩普門示現嗎？

二十三歲在法雲寺日夜看守山林，在山上「小小」的草寮裡，我伏在冰冷的地上，完成了《無聲息的歌唱》，出版後甚受歡迎，給予我莫大的鼓舞，我自許要繼續筆耕，好讓讀者們飽餐法味！

二十七歲在雷音寺的斗室中，每晚就著「小小」的裁縫機，我寫下了《玉琳國師》與《釋迦牟尼佛傳》。《玉琳國師》曾被拍成電影，又被改編成收視率頗佳的連續劇《再世情緣》，一本「小」書能躍上銀幕，以聲光弘法，實在是始料未及。而《釋迦牟尼佛傳》則是我日夜揣摩曠世聖者一言一行所寫成的，書雖非巨擘，但是其中一小字一小句，無一不是我與佛陀無數次接心印心的深刻體驗。

後來，我以點滴書款購地興寺，「小小」的書冊不但以文字般若延續慧命，更成為佛教事業的資源。

一九五七年，我承張少齊、張若虛先生的厚愛，接管《覺世旬刊》，三十年來兢兢業業地經營，如今每期十多萬份的發行量已普及海內外各個家庭，這份每十天出版一次的「小」冊子可真是做到了「佛光普照」啊！

一九七九年始，我陸續在三家電視臺製作佛教節目，不但屢獲獎項，也由過去的外製，到目前電視公司的付費內製；此外，更從國內的播出到國外電臺的轉播，並且應觀眾要求，將內容結集成冊，譯成各國文字。可見只要內容富含意義，製作品質精良，即使是短「小」的社教節目也能受到社會的肯定。

從宜蘭的兒童星期學校到現在各別分院的幼兒園、兒童班，乃至海外的中華學校，屈指一算，我辦了近四十年的兒童教育，對於「兒童是國家未來的主人翁」這句話實在是體驗良深。

就以早期畢業的園生來說吧，這些孩子長大後，在各行各業發揚光大，如李宗德是耳鼻喉科的名醫，林孝信在美國開創電腦圖書公司，韓慶雲擔任服飾公司董事長，林幸子在海內外設廠製作禮服，黎明哲、蔡明得在軍公機關任職主管等，他們不但事業有成，家庭美滿，而且積極參與公益活動，於護法衛教更是不遺餘力。

我深深感到，幼兒園雖然只是一個「小小」的學前教育園地，若能於教學上運用巧思，灌輸正確的人生觀在幼童「小小」的心靈上，他們長大成人之後，自然就會懂得感恩惜福，勤奮向上，不但個人前途無量，也是國家民族的至福。

環視佛光山，其中的一景一物都與我有著深厚的感情；當年親栽的小樹小花，現在已成了滿山的濃蔭；東山的一「小」堆砂石阻擋了失控的車輪，使車內的心平和四個小沙彌免於一禍；大悲法會中一「小」瓶一「小」瓶的淨水，因屢有靈異事跡而傳為佳話；陳列館中那一尊「小小」的燈花舍利觀音像是印度朝聖時，佛菩薩顯示的聖跡，不知讓多少香客佇足圍觀，增上信心！

誰說「小」是微不足道的呢？「小」正代表著無窮的希望——只要我們耐煩有恆，時間的浪潮會將「小小」的人物推向時代的前端；只要我們腳踏實地，歷史的巨手會將「小」因「小」緣聚合成豐功偉業；只要我們心存篤敬，即使是一念「小小」的誠意，慈悲的諸佛菩薩也會予以庇佑。

眼睛很小，可以看遍世界；鼻孔很小，卻嗅著虛空的氣息；每一個小小細胞，都助長了人生。莫因善小而不為，莫因惡小而為之，任何一「小」步，都是人間前途的一大步。「小」，蘊藏著不可忽視的力量！

——星雲大師全集／往事百語 2

星雲大師小語

「百密一疏，百善一壞。」一缸的水，只要一條細縫，就可以盡數流失；口袋裡裝滿了東西，也經不起一個漏洞，可能全部漏光。一個人往往見到高樓，見不到小屋；見到長橋，見不到土壩。人生，必須觀察入微，注意細節，才不會被細流崩斷了大壩。

——摘自《星雲大師全集／迷悟之間7・火柴棒》

敢，很重要
——培養果斷、臨危不亂的氣魄

一天夜裡，我在閱讀報章雜誌時，突然心有所感：同樣是血肉之軀，有些人雖然平凡低微，卻能成就豐功偉業，彪炳人寰；有些人儘管資源豐富，卻顯得千頭萬緒，一籌莫展。這是為什麼呢？我覺得：「敢，是最關鍵的因素之一。」

像諸葛亮書生報國，他用空城計誘開敵軍，免除了一場殺戮，那種「敢」於面對千軍萬馬，臨危不亂，古今罕可匹敵，讓人敬佩不已。天文學家伽利略能不計毀譽，拚死不向神權低頭，那種「敢」於堅持真理的精神，令人蕩氣迴腸，無以名之！法顯大師以六十高齡，「敢」於西行取經達十餘年之久，去時路途艱險，鳥獸絕跡，回程在海上漂流三載，那種「為大事也，不惜身命」的勇氣，可謂雷霆萬鈞，世間稀有！法珍比丘尼以一介女身，「敢」斷臂護藏印經，那種為法捐軀，無怨無悔的志節，足以名垂不朽。

勇敢行動解困境

回想自己的一生，生於貧寒、長於亂世的我，之所以能對佛教、對人間有一點作為，不也是因為在「敢」的驅使下，言所當言，為所當為嗎？「敢」，誠然是很重要的！

二十世紀初期，中國歷經內憂外患，我就在那時誕生於中國內地的一個小鎮上，那裡土瘠民窮，資訊缺乏，但我幼小的心靈裡卻時時刻刻充滿了許多疑問。

外婆茹素拜佛，和藹可親，經常為人排難解紛，贏得大家的敬愛。她每次半夜打坐，肚子裡都會發出如海潮般的聲響，雖然鄉人都覺得這是一種有修為的表現，但年少的我卻滿腹懷疑。有一天，我終於忍不住問她：「肚子裡發出這種響聲對於了生脫死有什麼用呢？汽車、火車也都可以發出這種聲音啊！」

她默然不語，陷入沉思。數年之後，談及此事時，她突然正色地對我說道：「將來我的後事只有託付給你了！」我想，與其說是因為我所問的問題讓她驚悟覺醒，不如說我從小「敢」於發問吧！

十歲那年，父親在戰亂中失去音訊，生死未卜，母親帶著我們兄姐四人，孤苦無依，遂生起變賣祖產另謀發展的念頭。哥哥生性老實，畏懼眾議，裹足不前；姐姐是女性，在傳統社會中沒有講話的餘地。排行老三的我，年方十歲，目睹此情此景，便自告奮勇，無畏族人的激烈反對，陪著母親走了十幾華里（東亞傳統的長度單位）的路，風塵僕僕地回到老家，毅然簽字賣地。由於這一念的「敢」作「敢」為，不但讓家庭經濟困境頓告解決，數十年後，鄉里中許多親友故舊由於坐擁房地而在文化大革命中慘遭批鬥，我的俗家則因為沒有恆產而倖免一劫。

十二歲出家學佛之後，儘管叢林教育禁錮森嚴，卻無法完全壓抑我「敢」想、「敢」說、「敢」做的個性。佛學院裡沒有體育課程，我提議無效，背地裡自製籃球架，被發現之後，差一點被記過受罰；全班拒交考卷，抵制某位老師教學不佳，學校怪罪查辦，我一人前往代罪，險些被佛學院開除。因為「敢」，我比別人多吃了一些苦頭，但我寧可如此，也不願做一個少做少錯，沒有承擔的啞羊僧。

十九歲時，我提議舉辦「佛教古物展」，對於當年保守的佛教界而言，此舉猶如石破天驚，沒想到能蒙校方允准。我一個青澀少年，雖沒有任何辦活動的經驗，卻如火如荼地規劃、聯絡、布置、發動，竟然也吸引了數萬人潮來參觀，轟轟烈烈地展出佛教的珍貴文物。除了驚訝「敢」所引發的潛力之外，我更感謝師長們給予我成長的空間，讓我「敢」於發揮，「敢」於創作。我深深覺得：「敢」，是不畫地自限；「敢」，是勇於破繭而出。

我不但從小「敢」於向家族的壓力挑戰，「敢」於和陳腐的思想奮鬥，而且「敢」於出生入死，「敢」於見義勇為。抗日戰爭期間，烽火連天，老弱婦孺嚇得躲在家裡，不敢出來，我卻經常在槍林彈雨中收拾死屍，挖土掩埋安葬，並且救助傷兵，託人運回後方。聽說左鄰右舍沒有米糧，我不顧江水滔滔，槍聲四起，潛入運河，游到對岸，搬回幾天的柴米油鹽，解決大家的民生問題。看到母親思夫心切，我收拾行囊，攜母尋父，一路上漂血成河、骸骨遍野，令人驚心動魄。鄉人都誇母親生了一個勇敢的孩子，其實說來慚愧，我只不過是「初生之犢不畏虎」罷了。但這也說明了「敢，很重要！」「敢」，使我遇事果斷，臨危不亂。

二十一歲那年，我在鄉下一所小學擔任校長，當時國共相爭，地方不寧。不但槍彈聲、廝殺聲時有所聞，還要接受各路人馬不定時的搜查詢問，他們動不動就拿著槍抵著你的太陽穴，堵著你的後腦勺，要你坦白交代，要你忠於某一方，如果不「敢」面對現實，如何生存下去？大時代的災難在心版上留下堅忍不拔的印記，成為我日後最珍貴的資糧之一。

不久，我來到人文薈萃的南京，聯合同道響應改革佛教的新運動，撰文辦報，傳播新思想，弘揚新理念；走上街頭弘法布教，以實際行動說明佛教跨出山門，擁抱社會的必要性；為寺院訂定新規矩，發展新作風，企圖力挽狂瀾於既倒。當時的佛教界保守護短，將我們視為洪水猛獸，處處給予打壓、排拒，讓我們幾乎走投無路；甚至勾結地方土豪劣僧，對我們這群敢作敢為的僧青年施以恐嚇、威逼、私刑、棒打，無所不用其極。想到經中說：「假使熱鐵輪，於汝頂上旋，亦不為此苦，退失菩提心。」我越挫越勇，不但聘請南京首屈一指的王龍律師糾舉華藏寺前任住持私吞寺產，以儆效尤，而且結合憲兵、軍警的力量，打擊黑道橫行。過去老師一再告誡我們：「弘法是家務，利生是事業。」此時我不僅口說言詮，而是用身體來力行實踐，用生命來刻劃歷史。想到這裡，不禁為自己感到慶喜，因為我在勇「敢」的層次上，有了一點進步；我在勇「敢」的體驗上，有了一點提升。自忖還要百尺竿頭，更進一步，為教為僧、為國為民，做出一番轟轟烈烈的事業。

無奈國勢不保，我抱著滿腔興教熱忱來到臺灣，想一展抱負，卻到處受阻。那時大家害怕「白色恐怖」，噤若寒蟬，除了不顧性命危險，發起「搶救僧寶運動」的慈航法師，以及不惜違逆蔣宋美齡夫人，拒絕信奉耶教的孫張清揚女士等少數大德以外，許多佛教徒不是不敢承認自己是三寶弟子，就是見風轉舵，改信耶教，在僧侶同道中也有不少人在走投無路之下，易服變節。

「敢」的念頭在這個時候更形「重要」了。我抱定為教奉獻的決心，無畏警察單位的取締阻撓，仍然「敢」四處聚眾弘揚佛法，舉辦遊行慶祝佛誕佳節；我堅持宣揚真理的信念，不懼情治人員的逮捕盤問，依舊「敢」張貼海報迎接章嘉活佛來臺，撰寫文章廣招來者信仰佛教；甚至我「敢」拒絕政府人員要我們在寺內書寫「反共抗俄」標語，一派凜然地回答來者：「寺院在這裡，就已經說明一切了。」我「敢」和軍區周旋，要他們撤回藉故拆寺的成命。正信佛教就在「一敢，天下無難事」的情況下，突破了政治的防線，接觸到社會大眾。

但我不以此為足，因為佛教需要提升素質，才能廣度眾生，裨益人群；佛教需要發展創新，才能與時俱進，福利社會；佛教需要青年參與，才能發揮光熱，照亮世間；佛教需要承辦事業，才能培養人才，自給自足。但當時老人當權的教界不能忍受這些主張，保守閉塞的民風也無法理解這些觀念，於是信徒揚言不資助我以求得自保，教界人士放話要殺我以杜絕後患。但我深信佛祖不辜負人，儘管沒有人支持我，我「敢」口說筆書，主張男女平等、僧信平等，提倡佛教文藝化、生活化；儘管自己沒有飯吃，我「敢」開辦免費的國文補習班、歌詠隊、佛教學院、大專佛學夏令營，吸收優秀的佛教青年；儘管蠻不講理者手持刀棒欲加害於我，我「敢」付諸行動，破除佛道不分的陳年積弊；儘管不明情況者唇槍舌劍種種想問難於我，我「敢」出面應對，袪除大家心中的疑惑陰霾；儘管沒有地方安單，我「敢」各地行化，宣揚妙諦；儘管身無分文，我「敢」建寺安僧，接引十方。因為我「敢」義無反顧，勇往直前，革新佛教的初衷得以在寶島開花結果。

直下承擔啟新局

所以，「敢」是發心，也是擔當；「敢」是勇氣，也是智慧，「敢」的好處不勝枚舉，回想我這一生中有好幾個轉捩點，也都是在「敢」作「敢」為之下，化危為安，漸入佳境。首先，在十二歲時，我為了一個偶然的承諾，割愛辭親，出家學佛，步入另一個迥然不同的世界，若非當年如此「敢」於下定決心，我的一生必定無法如此多采多姿。

接著是在二十三歲時，局勢變異，未曾踏出江蘇一步的我，竟「敢」冒著生命的危險，連夜奔走南京、常州之間，接應百餘位同道加入「僧侶救護隊」，坐火車，搭輪船，穿山越嶺，漂洋過海，來到舉目無親的臺灣。文化大革命時，不知多少寺院在火炬中灰飛煙滅，不知多少僧伽在清算中含辱以歿，如果不是因為我一念救人之慈，「敢」領隊來臺，恐怕也難逃劫數了。

到了臺灣，「僧侶救護隊」因故自動解散，我在中壢、新竹一帶流浪掛單，教書寫作，聽說宜蘭偏僻落後，沒有人願意去弘法，我那時連臺灣各地風土人情都搞不清楚，居然「敢」一口允諾李決和居士的邀請，前往駐錫，沒想到在那裡度了許多佛教青年，為臺灣佛教開拓一片新天地。如果我當年畏難苟安，戀棧他處，或許沒有這麼多稟性淳良的常隨弟子，與我一起眾志成城，為教奉獻了。

開闢佛光山是第四個轉捩點。當時很多人看到這塊偏處一隅的荒山野地，紛紛卻步退心，我不為動搖。三十年來，「敢」和洪水颶風搏鬥，一次又一次重拾磚瓦，再建家園；「敢」在是非批評中生存度日，以事實瓦解有心人士的毀謗。在無錢無緣下，我培養了一千多名僧伽弟子，在世界各地服務大眾。其中，有許多弟子承繼了我「敢」作「敢」為的作風，不眠不休地弘法利生，令我感到十分安慰。像慈莊，手拎一只小皮包，就「敢」走遍世界五大洲建設一百餘所道場；慈容，雖然生來一副瘦弱的身軀，卻「敢」周遊全球各國設立佛光會；依華，「敢」隻身到環境惡劣的印度留學，十年寒窗，學成歸國，促成佛教戒法再傳印度的殊勝因緣。也有徒眾，「敢」赴往「黑暗大陸」——非洲弘法布教，感化無數黑人皈依三寶、出家學佛；或者為了護持佛法，「敢」在劣民刀槍之中，奮不顧身，勇往直前；乃至在綁匪面前，「敢」滔滔講說佛法，絲毫無所畏懼。「敢」不但成就了一己的道業，也促進了佛教事業的發展；「敢」，不但涵養了個人的聖胎，也成就了萬千眾生的慧命。

一九八五年，我從住持之職退居下來，破除臺灣佛教「萬年住持」的傳統，為教界作模範，為大眾立榜樣。退位之後的我，天地更為寬闊，因為我「敢」向自己的缺陷挑戰，以辛勤的耕耘來戰勝先天的不足；我「敢」邁開腳步，行人所未行之路。例如我不會他國語言，但我「敢」到世界各地弘法，佛教在五大洲於焉發揚光大；我不曾學過組織企劃，但我「敢」創立國際佛光會，讓僧信平等的理想能在現世落實；我沒有豐富的辦學經驗，但我「敢」辦大學，作育英才，像美國的西來大學曾獲優良大學的認可，嘉義的南華大學招生斐然，尤其曾在某一年的新生中，一百名學生裡，其中有二十七個學生將南華填為第一志願，有三十幾個學生將該校填為前十個志願，為臺灣教育史創下先例；我也不懂廣播、電視，但我「敢」創辦公益性質的「佛光衛星電視臺」，所有節目不但有益身心，而且沒有廣告插播。

秉持諸佛菩薩「但願眾生得離苦，不為自己求安樂」的精神來從事國際弘法、組織佛教教會、辦理高等教育、設立傳播事業，必須要有開闊的胸襟與遠大的視野，非「敢」無以成事。往後還有很長的日子需要大家齊心著力，如何才能延續佛教的千秋偉業？如何才能長養眾生的法身慧命？還是那句話：「敢，很重要！」

我們不但要「敢」於勇猛向前，「敢」於展開新局，也要「敢」於返觀自照，「敢」於除舊布新。一九九七年佛光山毅然宣布封閉山門，潛心靜修，就像任何一種重大的變革一樣，封山也需要有遠大的勇氣。在封山典禮即將結束時，全山法師以果「敢」的步伐踏入「靈山勝境」，山門隨之掩閉上鎖。我們立志要在文化、教育、修持、弘法上深入扎根，期待將來能為社會做出更佳的貢獻。

徒眾常說我「行事膽大，遊走於懸崖邊緣」，其實我也有「不敢」之事，例如：佛事「不敢」不做，因果「不敢」違背。記得多年前，一名素行不良的候選人在我說法時站上講臺，硬要我將他介紹給大家，我當著他的面，直言告訴聽眾不要選他；掌管財務的職事因為入不敷出，想要挪用一個月份的道糧作為建設之用，我嚴禁不准；當中日斷交，我遠赴東瀛，向「世界佛教徒友誼會」爭取保留中國佛教會的席次；在臺灣戒嚴時期，我向政府官員建言應開放民意，包容異己；在訪問中國期間，我向中共領導階層表示應恢復佛教道場；凡世界各地發生重大天災人禍，我發動信徒，捐輸解困；何人何地需要我時，我竭盡所能，給予支助；國內畛域之見衝突日盛時，我在臺北道場舉行首次「二二八平正法會」，希望藉此喚起大家的覺醒，撫平歷史的悲劇，促進族群的和諧；臺灣重大刑案頻傳之際，我發起「慈悲愛心人運動」，培訓二千名慈悲愛心人，到大街小巷、學校機關、車站市場、公園廟口，向大眾宣導慈悲愛心，以實際的行動來帶動全民淨化自己，關懷社會。

一九九八年二月，為了光大佛教歡喜、融和、尊重、包容、平等、和平的精神，我在佛陀成道的菩提伽耶傳授三壇大戒，讓世界各種傳承的僧伽齊聚一堂受持淨戒，讓南傳、藏傳國家失傳一千多年的比丘尼戒在佛教的祖國恢復起來。當大眾環繞正覺大塔經行時，我想到「大雄大力大無畏」的佛陀為了追求真理，不但「敢」放棄既有的權位名利，向內心的無明煩惱挑戰，甚至在菩提樹下，金剛座上，發出「若不成佛，誓不起座」的誓言；為了解民倒懸，不但「敢」向根深柢固的階級制度挑戰，四處宣揚「眾生皆有佛性」的理念，並且廣收徒眾，有教無類。在感動涕零之餘，我心中突然湧現深刻的體悟——「敢」，不是匹夫之勇，不是爭強鬥勝，而是大願力的實踐，大慈悲的示現，大無私的奉獻，大格局的開展。

「敢，很重要！」真正的「敢」，能為大眾帶來幸福，能為社會帶來安康，能為世界帶來和平，能為人類帶來光明。在此呼籲我們的朝野能表彰真正「敢」作「敢」為的精神，同心協力，轉邪為正。也希望我們每一個人都能落實「敢」奉獻，「敢」承擔的理念，敬業樂群，克盡厥職。果能如此，我們的生命將更加光輝燦爛，我們的家園將更加美好溫馨。

——星雲大師全集／往事百語5

星雲大師小語

謙讓是美德，但謙讓須憑理法，不應讓而讓，是不盡責任；應該讓而不讓則是戀棧。做人處世，在名利上要淡泊，在責任上則要認真。要培養承擔責任的力量，首先要把自己和社會結合在一起，要自我健全、自我勇敢；要不怕困難、不計利害，尤其要能夠勇於面對自己的缺點，並且加以改進，這不但是自我的責任，這也是自我的承擔。

——摘自《星雲大師全集／迷悟之間 1．責任與承擔》

圖利他人——設身處地理解別人的需求

多年來，我每次從媒體報導看到公務人員因為圖利他人而被撤職查辦，吃上官司的消息時，心中不免奇怪，身為國家公僕，只要是正當事務，不為民求福、圖利他人，難道要圖利自己，師心自用嗎？儒家提倡捨己為人，墨家提倡兼愛非攻，道家提倡無私寡欲，耶教提倡服事於人，而佛教「無緣大慈，同體大悲」的教義更將正當的圖利他人的精神發揮得淋漓盡致。我在佛教家庭長大，從小出家學佛，在耳濡目染之下，我就自許不做自私自利的人，不做刁鑽刻薄的人，不做驕傲自恃的人，不做忘恩負義的人，要做與人為善，「圖利他人」的人，沒想到這個觀念居然使我一生受益不盡。

處世秉持服務心

最多記得童年時，我就經常替父母分擔家事，幫助兄姐解決困難，為師長們跑腿辦事，襄助同學一臂之力，我從「圖利他人」當中學習到許多做人的道理及處事的經驗。

二十三歲時來到臺灣，我每天為掛單的寺院打六百桶井水，買八十人份的菜米，還要洗廁所、掃落葉。冬去春來，我每天仍照常上殿、禪坐、念佛、寫作。當時的環境雖然很差，但是卻忙得不亦樂乎。看到現代的青年儘管環境良好，卻煩惱叢生，究其原因，都是由於只看到自己的利益，我不禁感到「圖利他人」其實得益最多的還是自己。所以，我常常教誡徒眾們：「要常想自己如何為別人作因緣，而不要想別人如何待我們好。」

後來一些寺院請我去駐錫管理，想到其他同道的需要，我一一介紹他們前往任事。多少年過去了，聽說臺灣早年有許多佛寺在沒有法師住持的情況下，被一些附佛外道占用，不禁感謝當年這些同道答應住持，使得正信佛法不致被扭曲。

一九六一年，我想去美濃閉關，偶然得知某一法師也有此意，我立刻將關房讓給他用，並常去探望他，建議他如何閱藏、寫作。六年過去了，他出關弘法，我欣見佛教多了一位青年才俊，心中真是歡喜。後來他又因為身分資料有缺，以致拿不到美國簽證而未能應邀至紐約弘法，我聽說此事，立即為其設法，不久之後，他到美國擔任住持，我也為大法得以西行而高興萬分。兩年過去了，他回國有意接掌師父的遺產，我也抱持樂觀其成的心，一再請張少齊居士重視他的未來性，後來終於成功。這些微力助他之心，只覺得是為人應有的行持，並不冀求有絲毫的回報。

創建佛光山以來，我立下「給人信心，給人歡喜，給人希望，給人方便」的信條，教育所有的弟子，希望大家以佛法平等無私的胸懷，來「圖利」一切的眾生。今日，佛光山的道場不但遍及美、加各大都會，後來更應各國信徒的要求，在南美、中美、澳洲、非洲、亞洲等地設立別分院，除弘法利生之外，還設立了接送飛機、中華學校、松鶴學苑、托兒育幼、午齋供應、以粥代茶等服務項目，凡此種種都獲得當地民眾的好評。這一切證明了「圖利他人」、助人成事的觀念才是正確的。

早年我被推選為中國佛教會常務理事，自忖有更多的機會能為大眾服務，所以，對於一切會務，我都殫精竭慮，全力以赴。主辦護國息災法會時，我一無所有，憑著利濟眾生的誠心，兢兢業業，結果轟動一時。受命遠赴東瀛，為中華民國爭取世界佛教徒友誼會的會籍資格時，不諳日語的我，竟也憑著為國為教的決心，獲得對方首肯！

我不但幫忙臺灣教界，對於海峽對岸各個道場的來函化緣，我也隨喜隨分，不只資助三百家以上；其他如印度、錫蘭、尼泊爾，乃至歐美國家的寺院募款，我都量力幫助。馬來西亞佛教總會佛學院落成，我錯開忙碌的行程，特地去參加典禮；馬來西亞佛教青年會道場開光，我也千里迢迢前往主持。我覺得能夠「圖利他人」表示自己很有價值，尤其目睹各地佛教，或欣欣向榮，或方興未艾，自己能夠稍盡棉薄之力，更感到與有榮焉。

我的弟子永有在倫敦留學期間，曾和我說：「一位南傳佛教法師上課時，曾經告訴大家，出家人不能對在家信徒布施。」我聽到這句話，覺得十分驚訝。佛教的六波羅蜜裡，以「布施」為上首，甚至主張實踐「圖利他人」的布施時，應該「三輪體空」，為何會有出家、在家之分呢？

回想幾十年前我在宜蘭展開弘法生涯時，常用單銀購買佛書、雜誌，分送給年輕人看，他們在言談時互相討論，無形中帶動了當地的學佛風氣。得知鄉民之中，有些人喜歡唱歌，卻不得其門而入；有些人喜歡讀書，卻沒有很好的教育環境，我便成立歌詠隊、設立補習班，以音聲、國學、文藝為因緣，方便接引青年學佛。久而久之，他們都將寺院看成自己的家一樣。當我了解到當地缺乏完善的幼兒教育，於是辦了一所慈愛幼稚園。為了提高教師素質，我甚至還節衣縮食，送幾位幼教老師到臺中接受訓練，結果幼稚園口碑甚佳，學生達數百名之多，辦學成果為全臺之冠，而家長們也因為送小孩來上學，無形中接觸到佛法，信仰了佛教。一些年輕人由入門初識到虔誠信仰，由護法金剛到義工菩薩，後來跟著我南來北往弘法利生，原本偏僻保守的宜蘭小鎮竟然成為日後臺灣佛教蓬勃發展的搖籃。凡此都是我始料所未及之事，但又何嘗不是念念「圖利他人」的善因所得來的善果。

為了「圖利他人」親近佛教，我為前來拈香禮佛的人端上一杯熱茶，在氤氳的香氣中，拉進了彼此之間的距離；我為程度較差的人念書讀報，在珠璣的字句中，培養大家對文學的濃厚興趣；我為前來問道的人說法，從他們的言談中，倍覺如何觀機逗教、契理契機的重要性；我為傷心難過的人回信，從眾生的煩惱中，體驗弘法利生工作的刻不容緩。經云：「菩薩發心，自己未度，先度他人。」其實在圖利他人，成就對方的同時，我們已經逐漸完成了自己。

待人抱持方便心

剛來到臺灣的時候，憑著一股弘法熱忱，我忙過白日的法務工作之後，往往利用晚上時間來撰寫佛教書籍，由於當時佛教經典發行不夠普及，經常必須苦苦追憶過去所學，方能成篇。後來每念及當年窘境，我在出門弘法的時候，總是節衣縮食購買書籍，好讓弟子們能夠得到法益，甚至想盡辦法，提供資料給所需的人。像藍吉富要出版佛教書籍，需要日文資料參考，我立刻囑咐當時在日本深造的弟子依空代為搜集，她依言照辦，拷貝寄回的資料竟達一尺多高。新文豐書局欲發行《高麗大藏經》，我也將僅有的一套借給他們影印。

一九五九年，我成立佛光出版社，所發行的書籍、錄音帶等文物，也一本

「圖利他人」的願心，或採結緣方式印贈十方，或以大眾化的價格供應讀者。出版社動員數十位佛教學者、費時十餘年編纂、出版即獲金鼎獎肯定的《佛光大辭典》，我本著促進兩岸佛教文化交流的信念，慨然將它無條件授權給中國佛教協會在中國大陸境內發行，希望大家都能得到法喜充滿的人生。

許多弟子常對我說：「師父！您這樣挖心剖肺地對待他人，但是他們都能了解您的苦心嗎？您會吃虧上當啊！」我想「圖利他人」不嫌多，雖然難免會有吃虧上當的時候，但是我寧可如此，更何況從吃虧上當之中，培養我包容天地，忍耐異己的胸襟。出家幾十年來，再大的挫折都不足以動搖我的心念，想來也未嘗不是人生一得。

記得西來寺剛落成時，為了辦事的需要，常住曾到附近買車，日裔車商問清楚我們的需求之後，耐煩地說明哪一種車比較便宜、實用，並且教導如何退稅，由於他的「圖利他人」、無欺誠懇的服務，七、八年下來，我們向這家廠商買了不下十多輛的載卡多。民族性的不同，「圖利他人」的態度也千差萬別，譬如日本商人的敬業精神就令人十分敬佩，如果甲店沒有這樣貨品，售貨員會不厭其煩地指點你去乙店購買，我遇到這類情況，在離開甲店之前通常都會多購買一些小紀念品以為感謝。加拿大的稅務員最為彬彬有禮，不但依約定時間在門口等候迎接，而且還告訴你如何節稅。反觀臺灣一些公務人員卻以磨人為樂，總不一次說明如何辦理，這一次也許因證件沒有帶齊退件，下一次又說印章不合格，常常辦一件事情，總要奔走來回三、五次，像佛光山的一些別分院道場，辦個寺院登記，甚至要十年、八年才能拿到執照。人同此心，心同此理，經歷世間諸多風霜磨難，我深以為警惕，經常提醒自己，教誡弟子要常常「圖利他人」，給人歡喜，給人方便。

信徒阿敏姑在宜蘭開布莊，有一次她告訴我：「做生意很難持守妄語戒，因為如果對顧客照實說布料會褪色，就沒有人願意買了。」我教她：「妳可以坦白對客人說明這一種布會褪色，但是比較便宜，一尺要四塊錢；那一種布不會褪色，但是比較貴，一尺要八塊錢。」她本著「圖利他人」之心，不計得失，依法行事，後來生意越做越大，買了好幾棟樓房。信徒奉獻油香，有時我看對方經濟不佳，不收他們的供養，他們感動之餘，賺了錢以後，竟然不只十倍、百倍地奉獻道場。可見「圖利他人」其實是在為自己廣結善緣，得利的還是自己，因為給人方便，就是給自己方便。

西來寺剛落成時，中華之聲電臺想要採訪我，主持人顧念到節目在夜間播出，時間太晚會造成我的不便，所以想以錄音方式訪問，我得知後，告訴他：「只要對人間有意義的事，不要說時間很晚，縱然颳風下雨，我也會欣然前往。」主持人對我「圖利他人」的態度心生歡喜。中華電視公司製作《蓮心》節目時，邀請我主持第一次的歷史性錄影，我看到他們的企劃資料，覺得這是一個有益世道人心的節目，因此怡然答應，雖然每次錄影都要花上一天的時間，使我的行程益形緊湊忙碌，但想到能夠「圖利他人」，我覺得這一點犧牲仍是值得的。由於訪談內容都是對大家生活上十分受用的話題，所以播出之後，觀眾的反應十分熱烈，我也感到非常欣慰。

我對於報社記者的採訪，一向歡迎接待，坦誠相談，只是他們總喜歡問一些政治、經濟方面的問題，尤其臺灣有許多記者不重視文教的價值，有時和他們暢談了一個多小時有關宗教對淨化人心的重要性，他們卻片言隻字也不刊登，只照著自己的意見，大談佛教的財富。我雖然心中百般無奈不悅，但是生性寧可自己吃虧，也不願拒人於千里之外，所以仍然勉為其難地接受訪問，甚至體念到立足社會謀生艱困，往往主動結緣，提供一些資料給記者發表。如此多年下來，臺灣的一些名記者像李堂安、蘇正國等人都和我成了莫逆之交，他們中肯又不失生動的報導，發揮了媒體造福人群的功能，可謂功德無量。這種圖利他人的精神與方式，不正是社會祥和幸福的原動力嗎？

多少年來，只要知道有苦難的地方，我都自動挺身而出「圖利他人」，像臺灣的水災，我不只捐助十次以上；其他如孟加拉、菲律賓、俄羅斯、神戶、大阪、洛杉磯，乃至中國各地的地、水、風、火等天災人禍，我也都竭盡所能，傾囊相助。一九九四年，臺灣因為颱風過境造成嚴重的「八一二水災」，當時政府大概知道我一向樂意「圖利他人」，於是公開「點名」，希望佛光山能夠捐輸解困。我那時正在歐洲弘法，儘管佛光山也是災區之一，心中憂心不已，我仍直下承擔，登高響應，呼籲全世界的佛光會員發揮「人飢己飢，人溺己溺」的精神，捐獻賑災。

臺灣的社會問題一直是大眾最為關心的話題，曾經邵玉銘先生在一次電視訪問中談及社會人心的問題，竟然說道：「臺灣要淨化心靈，只有星雲大師出來才辦得到！」我輾轉耳聞，除了感謝他的過譽之外，更覺得自己應該身先士卒，為社會安定盡棉薄之力。不久之後，我發起「慈悲愛心列車——環島布教」活動，倡導社會安定是每一個人的責任，喚醒大家應從自己做起，除了揭櫫去十惡、守七誡的德目之外，更主張要日行一善，「圖利他人」。活動很成功，「慈悲愛心列車」所到之處，均受到民眾熱烈歡迎，許多人扶老攜幼全家一起共襄盛舉，他們頂著烈日，冒著大雨，跟著我們一路走下去，希望能走出臺灣和諧、安定的康莊大道。有的人甚至搬出家中的飲食果蔬送給沿街布教的佛光會員們解渴止飢，我們堅信如果能將這種善良的風氣持續傳播下去，臺灣的每一個人都是愛心人，臺灣的每一塊地都是慈悲地，那麼何患社會不能繁榮進步，國家不能幸福康樂？

佛經云：「人我一如，自他不二。」冀望社會大眾人人都能建立「圖利他人」的觀念，共同攜手努力，共創美好家園。如果教育界都能努力教學，作育英才；傳播界都能篤實客觀，做正面報導；工商界都能改善品質，增加生產；政治界都能重視人權，為民謀福。大家必能在共存共榮的基礎下，享有祥和安樂的生活。

——星雲大師全集／往事百語4

星雲大師小語

在世間上，要找到貴人幫助是不容易的，需要具備很多的善因善緣，貴人才會出現。所以，最好的方法還是從改變自己做起，做人處世要有禮貌，待人接物要慈悲忍耐，與人相處要肯吃虧，經常給人讚美、給人感動、給人服務、給人幫助，能夠這樣，我想不但別人會做你的貴人，就是你自己走遍天下，也會成為別人生命中的貴人了。

——摘自《星雲大師全集／佛法真義２・做己貴人》

參

誠實地面對自己，從心出發

坦然接受自己就是那個頑強的敵人，

要突破同溫層、舒適圈，

鍛鍊出成熟的心靈，

活出新的自我。

我們都要為自己打分數
——習慣反思，找到癥結點

經常有人跟我說，我對佛光山的管理很高明。實際上並沒有什麼特殊的管理法，這大概是因為「公平正義」在佛光山比社會上的許多團體更能獲得彰顯。

中國歷代多少賢哲大德、文人雅士都會做「功過格」自我勉勵，例如宋代范仲淹、蘇洵、明代袁了凡等人，都做有功過格。所以我們每一個人也應該效法古聖先賢，替自己打分數，才能有所進步。

時時檢討自己的心

在佛光山有一個特殊的制度，每年每個人都要做一次「自我評鑑」，除了自我檢討外，也因為平常大家在各自的崗位上服務，彼此沒有太多來往，負責人事的主管可以透過這一份自我評鑑表，知道大家日常的修持、功過、生活等情形。

評鑑表格裡，分有學業、道業、事業三個方向，大致列出以下這些項目給大家自我評分：

一、你在修持上有什麼心得嗎？
二、你對常住的服務有些什麼成績嗎？
三、你對自己道心的成長是增加，還是減少呢？
四、你與大眾都能和諧相處嗎？
五、你都有慈悲溫和接待信徒嗎？
六、你有關心整個佛教的發展嗎？可以舉出一些事例為證嗎？

七、你有關心佛教以外所發生的任何特殊情況嗎？
八、你希望請調到什麼單位或承擔什麼職務嗎？
九、你的興趣或專長是什麼？有想到可以怎麼表現嗎？
十、你可以為常住做些什麼服務嗎？

每個人都要為自己打分數，最高分是一百分，個人成績如何，就看自己對自我這一年來表現的評分了。佛光山的弟子大部分都很坦誠，也很坦白，因為在僧團裡講究集體創作，個人縱有一些功勞，也不覺得有什麼了不起；即使有些過失，大眾也都很寬容，不是那麼認真地去追究。這份評鑑表，只是給大家做一個自我檢討、自我反省、自我改進的依據。

佛光山實行評鑑制度以來，個人為自己評量的分數雖不是那麼重要，但從中還是可以看出一個人的人格、道德、觀念，對於大家的學業、事業、道業，還是有增進的作用。

我們也發現，表現優秀的徒眾大都很克制自己，把分數壓得很低；表現比較一般的弟子，有時為了掩護缺失，則把自己的功勞提升一些。不過，任職於本山宗務委員會的重要職事們，在做綜合評鑑的時候，都會先了解大家的性格，再做考核。尤其，他們不會對外宣布評鑑的狀況，只是提供給人事主管每年做調職、分派工作時的參考。這樣的評鑑，無非也是期許徒眾們能夠自我審察、自我要求。

除了徒眾的自我評鑑，我在二〇一五年也為一千五百位弟子發起「五百大」選舉，由同儕來做評鑑，每人可以票選十個人。為了鼓勵大家，依得票數多少，分為五個等級的獎勵，第一級「一百大」，每人可獲一萬元獎勵；第二級「二百大」，每人得五千元；第三級「三百大」，每人得三千元；第四級「四百大」，每人得二千元；第五級「五百大」，每人得一千元。我覺得獎勵雖然不多，但可以增進師兄弟彼此間的了解與互通聲息，並讓徒眾知道要與人為善才可能獲得選票，有了選票才能成長，這也是很值得的。

從這個自我評鑑裡，讓我想到過去對社會提出的一個說法「一半一半」。在人世間，所謂好的一半，壞的一半；男人一半，女人一半；白天一半，晚上一半；善的一半，惡的一半；佛的世界一半，魔的世界一半……如果以全世界普遍的道德標準來看，做人處事的道德水準能在六十分以上的人，就屬於善的一半，但這樣的人並不是很多；為人其壞無比，道德水準低於三十分以下的人，就屬於惡的一半，但這樣的人也不多；大部分的人都位於中間值，徘徊在五十分左右。因此，在我看來分數居中的人，每天都在天堂與地獄之間往返。

常有人問我天堂與地獄在哪裡？我都以這三種說法回答他們：第一、天堂在天堂的地方，地獄在地獄的地方；第二、天堂與地獄在人間。一個人住在華廈美屋裡，有舒適的空調，有清淨的環境，不愁衣食，不就是在天堂嗎？反之，被關在囚房裡的人，成天受到壓制、管束，失去自由，不就是在地獄嗎？甚至市場裡那些被割腸剖肚、被殺、被刮、被斬、被支離破碎的雞、鴨、牛、羊，不就像是刀山劍樹的地獄景象嗎？還有在戰爭之中，槍砲子彈的摧毀殘殺，不就像是在地獄裡嗎？第三、天堂與地獄在我們心裡。你一念的善念好心起，就是在天堂；一念的惡念壞心起，就是在地獄。

我們不妨也自我審察反省一下，究竟自己是在天堂的時間多，還是在地獄的時間多？其實，如果肯坦白地為自己做一番檢討，還是能找出一點蛛絲馬跡，甚至僅僅從一雙筷子的使用，就可以分辨出天堂與地獄的不同。同樣用的是三尺長的筷子，天堂的人在吃飯的時候，經常菜還送不到自己的嘴裡，就先讓給對面的人吃，吃的人也一再表示千恩萬謝，氣氛和諧歡喜；地獄裡的群眾，往往因為菜還送不到自己的嘴裡，就被左右兩邊的人搶去吃，於是互相責罵的場面也就經常發生。所以，待人好就是在天堂裡，對人不尊重也就是在地獄裡。

秉持公平正義原則

人生的歲月有限，對於自己這一生的所作所為，應該經常做一番評鑑檢討，有時候以貪、瞋、痴三毒的增減來做檢討，有時候以殺、盜、淫、妄、酒五戒的修持來做檢討，有時候以慈、悲、喜、捨四無量心來做檢討，有時候以四弘誓願來做檢討，有時候以六度萬行來做檢討，或者用「弘法是家務，利生為事業」的使命來自我檢討。如此一來，人生才會不斷地進步。

有了這麼一個佛光人自我檢討、自我期許的評鑑制度後，又讓我想到，在佛光山之外的人士，對佛光山也要有一些評鑑。於此，從個人的小我評量，再說到團體的大我評鑑。

假如地球是一個大團體、大世界，佛光山在這一個大的世界裡，只能算是一個小團體、小世界。在這個小世界裡，如果要以道德標準來評估它各方面的表現，據我們自己觀察，百分之九十五以上應該是合乎六十分的。

不過，一旦融入到這個大團體、大社會，讓外界的人來為我們打分數，其結果就很難說。信徒、護法可能會打八十、九十分以上；換作是對我們不了解，或另有想法的，可能就給我們不及格，甚至零分或負分。這種情況，就好比過去有的老師替學生評分，有所謂「印象分數」，以他平常對你的印象打分數，並沒有什麼標準。

雖然我們發心「為了佛教」，也不計較別人對我們的看法，只是本著自己的信心、願力，想著如何奉獻佛教，完成做一個佛子的責任，勤勤懇懇地為佛教服務，抑或想著將許多好因好緣與佛教界人士共享，但結果有時也令人感到驚愕。縱然評鑑不甚公平，但有評鑑也總比不評鑑好，有評鑑才會有進步。

然而，世間善惡的標準因為有公平正義才有標準，若沒有公平正義也就沒有標準。不過，要完全公平也是很難，就像過去每年大學聯考，總會看到有些優秀的學生高分落榜，有些學生雖然平時學習成績不甚具足，但因為善於應試而金榜題名。雖然如此，還是希望國家的主政者能盡量倡導公平正義，不要讓民眾受委屈，不要讓人才有志難伸，假如優秀的人才不能獲得錄用，總是國家社會的損失。

現代社會重視自由民主，但對於人民更有切身關係的是公平正義。公平正義可以讓每一個人心悅誠服，感到社會是公平且充滿正義的，所以比起自由民主，公平正義更為重要。不過，在這個人世間，儘管不容易要求別人公平地對待自己，但要自勉公平地對待別人，效法佛陀「願將佛手雙垂下，摸得人心一樣平」的精神，用佛法來建設自己思想上的公平正義，這才是美德。

自佛光山開山以來，投身到這個教團裡的每一分子，都要共同承擔並接受外界對佛光山的評鑑。所以，作為一個佛弟子、僧團中的一分子，都各有要完成的目標與任務。

在佛教裡，舉凡一間寺院的宗風如何？道風正派否？興教的事業辦得如何？對社會的慈善服務有多少？對佛教的傳播、度眾有多少成就？都是大眾觀感的根據。只是這許多條件往往不會獲得公平的評議，尤其外界經常會拿佛光山和一般佛教團體來比較，或許各有得失利弊，各有功過，也各有得分，但是我們發現到，這個評鑑很多是不公允的。

因為一般人並不是說你表現得好，就評鑑你的分數多；你表現得不好，他就評鑑你的分數少。在我幾乎百年的歲月中所看到的，「你很好」並不容易存在；「你不好」、「不合乎道德標準」反而沒有人過問，可以安然生活。因此可以說，在我們的社會裡，往往庸才不被責備，有才能的人則要多辛苦一些。

其實，這個道理也不難懂，因為人類有一個劣根性，就是見不得人好。你比他差，他會容許你；你比他好，則好像是他的肉中刺。這就如佛教的開示，人都有貪欲、瞋恚、嫉妒、自私、無明的惡習存在，因此世間上的好壞，也就難有一定的標準了。

東、西方最大的不同，就在於西方人崇拜英雄、崇拜有能力的人，尊重別人的擁有，你發財、升官了，他羡慕你、祝福你，道德觀念比較合於公平正義；但是在東方，好人則經常受到嫉妒，你發財、升官了，他諷刺你，說你是運氣好，有時好事也會變成壞事，壞事則反而變成好事，人性缺乏公平正義的美德。

由於這種打壓的風氣，現今臺灣幾乎已經到達沒有領袖的地步，主事者怕好人出頭，便極力壓制。過去還能有所謂「蜀中無大將，廖化作先鋒」，現在社會是連找個「廖化」都沒有了。

即使是遠在四百年前的社會也是一樣，像是隱元禪師在日本弘法時，由於聲望過高，政府便要將他驅逐出境。可以說是，因為你表現得太好，就會遭到許多麻煩，反而庸庸碌碌才能平安度日。所以自古以來，多少的忠臣義士、多少有能力的人都想要隱退，如諸葛孔明所說，「苟全性命於亂世，不求聞達於諸侯」；甚至，蘇軾還寫了一首〈洗兒戲作〉：「人皆養子望聰明，我被聰明誤一生；惟願孩兒愚且魯，無災無難到公卿。」這也就不難理解了。尤以「美人自古如名將，不許人間見白頭」，所謂「紅顏薄命」的說法，更注定了人類這種負面的因果循環，實在甚為可惜！

中華民族有很多優秀的文化，但是嫉妒他人的好、嫉妒他人所擁有的劣根性也不能不正視。如果能把這種劣根性淨化、改良，必然能讓整個中華民族更為茁壯。

在這個世界上，不但公平正義有時不容易找到，無妄之禍還時常降臨。好比兩岸情結就是一例，或許是以地域作為衡量的標準；乃至性別歧視，以你是比丘或比丘尼來做分別，而不是依據你對社會的付出多少來做評鑑。甚至以宗教信仰的不同，給予排擠，或者以貧富貴賤來論定你的人格道德；在這種「笑貧不笑娼」的社會，很難實現仁義道德。其實，一旦人有了這樣的歧見，哪裡還能有公平正義呢？

更甚者，也有的人對事實並不了解，只靠憑空想像，就武斷地給你一個負面評價。例如電視上那許多所謂的名嘴，他們講說的言論，有什麼標準嗎？有什麼事實嗎？遠見天下文化事業群創辦人高希均教授曾經表示，這個社會應該要發行一份「更正報」，在每天的新聞出刊之後，為它重新做一次解釋、說明。你說，一個到了要有「更正報」來作標準的社會，如何能清淨、平等呢？在偏頗的觀念之下，即使社會有一些好人好事，也難免不會受到無妄之災。

這不禁讓人想到，世界各大學評比裡，有所謂「一百大」的評選。要進入這「一百大」，舉凡大學裡的設備、圖書、師資、課程、學生就業、學術成就等，都是評選的條件。但是，在這百大排名當中，大家耳熟能詳的，往往就是美國哈佛大學、哥倫比亞大學、柏克萊大學、香港大學等；在臺灣，即使像臺灣大學、成功大學那樣的名校，也難以擠進世界一百大之內。有時候我們也會感到不平，尤其政府對臺灣大學曾經撥款五百億補助，給予特別提攜，希望它辦得更有起色，在國際上獲得重視，但至今卻還是難以進入百大之內。或許是因為評鑑的人、評鑑的標準不同，臺灣大學即使再好，也難以獲得主管單位的青睞。（補註：臺大在二〇二三年進入一百大，排名六十九。）

記得有位主政者，曾經以「是否為臺灣人」作為頒發「國家貢獻獎」的評鑑條件，也因此有很多對國家有貢獻的人士不能得獎。當然，主政者有他的一套評鑑標準，但若以這種地域觀念為前提，應該只能稱為「臺灣人獎」，怎麼能稱為「國家獎」。住在臺灣不都是臺灣人嗎？從政人員若以這種褊狹的心理，如何把國家帶上大有為的境地。

世界上的各種獎勵，例如世界小姐、亞洲小姐的競選賽事，甚至奧林匹克運動會，也有裁判判決不公的時候，因此看到球員為了評判不公而打架，或者運動員領隊宣布中途退賽的情形，那就是在向不公不義抗爭。還有聞名於世的「諾貝爾獎」、新聞界的「普立茲獎」等，這些獎項在各方面的評選真的都公平嗎？當然，有的人是實至名歸，但也有人是靠自我運作，幸運的人就能獲獎，否則再怎麼有成就，缺少了其中某些因緣，也就不容易得獎。

再者，像是行之有年的「世界華文文學獎」，那許多被甄選出來、得到獎金的人，真的就是最優秀的作家嗎？其實除了他們，世界上還有更優秀的作家，怎麼會沒有遺珠之憾。所以，由我們公益信託教育基金舉辦的「真善美新聞傳播獎」，每次頒獎的時候，除了要對這些實至名歸的獲獎者表示獎勵，也都要為那許多優秀但沒有獲獎的人感到抱歉。

我想，世界上任何一個團體、任何一個個人，都會感覺到這個世間難有公平正義，恐怕所受的委屈也是不少。其實，能獲獎與否，並不是什麼大事，不必去計較，但世間上的是與非、公平與正義，卻不能不給它一個合理、公平的評價。

做好自己不計得失

話說回來，自我檢討也不是那麼容易的事，因為人都有自我護短的習性、自我好惡的偏見，也都有自我高估的個性，總之就是喜歡把別人貶低，把自己提升。在佛世時代，佛陀批評具有這種劣習的人是「不知苦惱」、「不知慚愧」。只是，如《大乘起信論》所說的「一心開二門」，所謂「心真如門」、「心生滅門」，真心與妄心是一體兩面的，所以每個人的福德、罪業或者善業、惡業，究竟能獲得多少公平的評鑑，也就很難說了。

在徒眾的評鑑之外，我想我也應該為自己打分數，做個評量。只是說，如果我把分數打得太低，惟恐徒弟們會失望，認為自己的師父怎麼如此低能、沒有品德；如果打得太高，或許一些具有公平正義的徒眾，又會認為師父太過自吹自擂。因此，在高也不是、低也不是的情況下，必然不能以自己的作為來評鑑個人的功過。為了顧及徒眾之間的看法，我只有平衡地做個自我評鑑，打個六十分吧！我想，能有個六十分，做一個師父也算是及格的，如果再有人說我的表現連六十分都不到，那也只有讓他去評鑑了。

我自幼起有個性格，總希望待人處世要能公平正義。記得有一次，在我們小小的律學院裡舉辦了一場演講比賽，我自知表現應該只會在及格邊緣，但是成績一經發表，我竟然名列第一。這要是換作別人，可能會非常歡喜，但是我那一天卻鬱鬱寡歡，心裡感到非常慚愧，因為以這樣的分數獲得第一名，實在不公不義。究竟原因是什麼呢？原來，那位主辦演講比賽的老師是我家師的好朋友，大概因為這一層關係，他就把我的分數提高，讓我成了第一名。所以往後多少年，我都對這位老師沒有好感，認為他心不均平，沒有公平正義。

不過，在這個世間上，心不均平的人可以說為數不少，大部分的人要想做到公平正義並不容易。像有很多的夫妻，另一半犯罪了，他要護短；兒女不肖了，父母也要幫他說話，所謂「牽親帶眷」，在華人社會裡是很平常的事。

說實在，像這種好或壞都以人我關係作標準，不以是非善惡來評鑑的情況，對社會必然會造成許多傷害。如果我們中華民族能有外國人士讚許的人情味及公德心，對於世間任何事情都能用公平正義的眼光去看待，以公平正義的態度去處理，那就更好了，至於能得幾分？公道自在人心。

我個人並不會因為人家對我好，就認為他好；對我不好，就認為他不好，即便是對我好的徒眾，我也不一定欣賞，我總認為大家不必對我個人好，要對常住、對大眾好，能讓人接受、受人尊重，才是我所歡喜的。佛教講「因果業報」、「自作自受」，凡事都要自我承擔，對我一個人好，我也幫不了你什麼忙，就像佛陀，他不是神明，不能為人主持賞罰，不能定人的功過，他只是為你開示法要，還是得要由自己奉行。

不過，說到對自己的評量，我有一些與生俱來的惡業，這也是不能否認的。如童年時期的頑皮、青少年時期的狂妄、耿直等，一直到了中老年以後，才慢慢懂得分析與反省，開始承認自己的過失與罪業，這大概就是人生的進步。

假如我這一生有少許的成就，應該不能作為我個人的標榜，而是要與我的父母、師長、信徒共同分享這些成果才能說是公平。我出生在貧窮之家，父母沒有留給我什麼財產，可是他們生養我，給了我好的觀念，以及做人的基本態度。他們教我忍耐的力量、慈悲的心地及勤奮的精神，這些比錢財都來得更重要。

我年幼時也會和幾個兄長姐弟比較高低，甚至父母也會為我們的表現做評鑑。總體來說，不論在觀念或性格上，我都是比較優等的，所以很得父母的歡喜；出家以後，比我年長的一些老參也都非常喜歡我。其實我很笨拙，有時很調皮，也有好勝心，甚至被老師多次評為頑皮搗蛋分子。所幸，我的信心、道念堅定，在出家修道路上，從未退轉。尤其，家師志開上人對我的那種刻苦、嚴厲的教育，讓我這一生受益無窮，我始終心存感念。

我也曾被遷單、開除，被責備、處罰，但也很難說那許多事都是公平的。例如，在參學的時候，老師問話，你答「有」，他要打你；你說「無」，他也要打你，到最後不知道如何說話，只好說：「老師，你要打就打吧！」這麼一答，非但沒有博得同情，還換來一頓打罵，說是「你太滑頭了！」我也只有服氣的份了。

不過在我想來，這是在受教育，一切想當然爾，「有過則改，無過加勉」，內心不必有什麼不平，不必有什麼牢騷，即使是誤會，那也只不過是世間法，世間的遊戲規則總不會是盡善盡美的，只要自己心裡能公平正直，心裡有真善美，就是最圓滿。好比世間上，糞便雖然汙穢，但是可以作為稻穀、花草的養分；汙泥雖然骯髒，但是可以長出清淨的蓮花，人生又何必把一些委屈看得那麼重要。及至後來走入社會，做了一些佛教弘化工作，雖然受到信徒的讚美，也自覺那並不是我個人的能力所能完成，都是靠大家共同護持才得以成就的。

回想在叢林受教育時，讀到《禪林寶訓》裡的一段話，「姁之嫗之，春夏所以生育也；霜之雪之，秋冬所以成熟也。」春風夏雨能給予我們成長，秋冬霜雪能給予我們成熟。我想，今天個人所有的一切功過，並不是取決於喜愛我的人所給予的過度讚美，也不是某一些偏頗的人所給予的評判，畢竟若是緣分不足，或者出於他個人的程度、嫉妒、瞋恨、本身修養，而對我加以批評、踐踏，那也是很正常的。

總說一句，一個人的一生，不是單獨能夠長成的，必須依靠很多的因緣聚合來影響，當然，在許多的緣分當中，會有善因緣，也會有惡因緣。所幸，我把善因緣都列為感恩圖報的目標，把惡因緣都當作汙泥廢土而捨棄在園子裡。所以，在面對批評、毀謗時，也就不覺得那是什麼嚴重的事了。

到了老邁之年，對世間上的榮辱毀譽、好好壞壞已不放在心上，之所以寫這一篇文章，就是要將在人間的一些經歷，做一個分析，讓佛光山的弟子都能知道，即使是他們的師父，也只是讓別人來為他打分數，自己並沒有什麼標準，也不在意外界對他的看法。總而言之，我的人生究竟能得幾分，就讓歷史及社會大眾在分數裡找公道。希望我的徒弟們不要計較一時的得失，就算現在得不到公平正義，歷史也會給你公平正義；在社會上，不也是有許多人在離開人世間之後才受人讚許。假如歷史也不能給你公平，因果總會給你一個公平的交代，既然信仰佛教，對公平的因果法則，還能不信受奉行嗎？

——星雲大師全集／人間佛教論叢 1

星雲大師小語

人生，天天都在希望增加數字，房屋、土地，銀行存款，甚至生兒育女，也希望數字能增加。但是，歲月也跟著這些增加，到最後什麼都沒有，又歸於零。所以，生不帶來，死不帶去，數字，最後只是一場遊戲罷了！

——摘自《星雲大師全集／迷悟之間8．數字的遊戲》

排名在第幾？
——爭執無益，只要努力終究實至名歸

算一算我九十幾年的生命中，擔任過的職務方面，大概不只一、二百個，都是排名老大，但也有許多是扮演老二的角色。人生究竟是當老大好？還是當老二好？在我的經驗中，先做老二，後做老大，這是最適當的事。

先天優勢後天努力

在家裡男丁中我排行老二，在家庭裡負擔的責任都跟老大差一級，自然安全很多。出家以後，上面有一個師兄，我又是老二，無論什麼，當然都是老大先有，老二都排不上去。記得十幾歲的時候，在團體裡面，因為我年齡最小，

個子也不高，每次排班，在一百多人當中大概都排在尾巴，但也不好去計較，因為身材高低與排名前後還是有關係。

比方讀書，排名在前面的人，當然就坐在前面的位置，容易和老師接觸，讀書的印象就深刻。敲法器的時候，走在前面的人也比較容易爭取到位置；甚至過堂吃飯，排在前面的人飯菜都已經吃完一輪，連負責為大眾添飯菜的行堂師都添完飯菜，才輪到排在後面的人，所以排在後面的人總是比較吃虧。

但是，排名在前、排名在後，不是計較得來的，必須要有因緣。所謂因緣的因，是自己要有條件，自己所行所做要勤奮，才容易給人欣賞。而外緣是要有同學推薦、老師提拔等機會，排名的結果才會改變。

在安徽的迎江寺面對長江，每天有幾百條船隻從寺門前來去經過，大家都說這裡人來人往，宛如過江之鯽，但住持和尚說，其實那裡只有二個人，一個是為了名，一個是為了利，所謂名利，是世間上每一個人追求的。

在高位的人，大都講究排名在第幾，在團體、在任何地方，也都要講究名次。就算是在軍隊，也分上將、中將、少將，上校、中校、少校等，依分名次；若是文官，有特任官、簡任官、薦任官、委任官，也有次第不同。有次第，才有序，才能勉勵人要有條件，有條件才能向上。

我們叢林寺院排班的次第，大部分都以身高為標準，高個子都排在前面，這也是父母生養給他天生的條件，當然就沾光很多。但是，到了清眾參學以後，排名就以戒臘、職務、學歷、年齡，作為名次前後的標準。

然而在我看來，很多小個子也相當出色。例如，我們有一位老師塊然法師，身高大概只有四尺多，像個小孩子，但是他聲如洪鐘、思想敏捷、講話流暢，教起書來頭頭是道，在老師的排行榜裡，我們都認他為第一。可見身材矮小的人，如果其他的條件具備，依然倍受重視。

社會上有一些職務，如空服員在招考時，就會先說明身高上的要求。參與各種典禮，出眾的人看起來多是身材高大，或胖瘦適宜。大抵身材較高的人，在未來的前途似乎比較能爭取到優勢。

我在十五歲那年受戒，身材還不算高，但是受戒的排名，竟然做到第二十六壇的壇頭。在百位的戒子當中，我能爭取到那樣的排名，在年少的心裡，也覺得非常歡喜。大概是到十七、八歲時，才忽然長高，到達一個男生的標準身高一八〇公分。似乎仗著這樣的身高，我也因此得到許多的利益。例如做過班長、自治會的會長，甚至二十多歲的時候，在沒有學歷的情況下，被政府任命為國民小學校長，我想應該是我身材高大的關係。

過去一向落在人後，走在隊伍的尾巴，忽然因為身材長高，排名在前面，自然也感到喜不自勝。但是身材高也有缺點，就是苦差事通常都是叫個子高的人去服務、去承擔，雖然乍看之下不是什麼好事，但實際上也因此取得許多學習的機會，可以成就前途的成長。

後來，我在南京華藏寺擔任監院，住持智勇法師的身量嬌小，大概只有一百六十多公分，每次我們兩人出門接洽寺務的時候，不了解情況的人會一直對我講話，眼睛都朝我看，以我為主，大概是因為我的個子比較高。智勇是我很好的同學，在回程的路上，他經常跟我說，「乾脆你就做住持好了，你身材比較高。你看，我們出去辦事，人家都是以你為主。」但我知道他不是嫉妒我，而是誠心擁戴我。

後來前往臺灣的因緣，因為他能幹，學問好，有條件，在本來組織的僧侶救護隊裡擔任隊長，但後來要我擔當，雖然還有很多比我年長、能力強的人，就由於我的個子高，大家對我也不計較，就這樣到了臺灣。

到了臺灣以後，各自都謀求自己未來的前途，找尋自己適合的位置，這才發覺到，身材高大也不是好事，因為批評、指責等也就跟著而來。不過在人生的閱歷中，我想每個人都曾遇過許多這樣的經驗，當然不能因此洩氣，也不能因此逃避，反而更要振作、奮發。

其實，我的身高已經是高人一等，由於自己肯得苦行，肯得勤勞，肯得跟人結緣，這樣的性格會增加的苦難就多，所以經常要承擔這些無中生有的嫉妒、破壞、毀謗等。因此，我三十歲左右在佛教的圈子裡，就經歷榮辱毀譽、利害得失，不少緣由都與我的身高及名次有關。

那個時候我也不甘心做老二，有人推選我做老大，自己也覺得非常得意，但是做老大的一些反效果，也不得不無奈地承擔下來。例如，在臺北的中國佛教會，一年都要舉辦多次的仁王護國息災法會，有時候是政府需要拍攝影片，以便到國外宣傳臺灣的宗教，我經常被推為主任委員。其實，我那個時候什麼條件都沒有，所謂「上無片瓦遮身，下無立錐之地」，沒有信徒，也沒有團隊，只有一個空架子，只能拜託你、拜託他，低聲下氣，只為了事情能求得圓滿。

所以我覺得聰明能幹、個子高大，都不是主要的考量，重要的是謙虛。對人尊重、包容、謙讓，這也才是一個人的處世之道。當然，年齡、學歷、戒臘、資歷等，也還是要有序。

我在三十歲左右離開僧團大眾，單槍匹馬在宜蘭、高雄從事弘法利生的工作，信徒不分地位高低，也不論男女老少，對信徒而言我就是個出家的師父，從此，我的身高與排名就再也沒有扯上關係。可以開始從事一心嚮往的社會活動，在群眾裡面，也覺得和大家很投緣，所以到哪裡，總覺得一帆風順，受到信徒的愛護與關照。當時覺得能獲得別人的抬舉與擁護，比身高、能力更重要。

但是，在三十歲到四十歲之間，由於從事佛教的宣揚、建設，名次經過一些報章雜誌的報導，還是遇到許多的艱難。做頭、做大、做前，要承擔很多的苦難，此時發覺還是做老二最好。所以我也曾經發表過一篇〈老二哲學〉，說明做老二的種種好處。

但世間事，並不是如我們的如意算盤這樣想、那樣說，一切問題就能解決。這個世界是大家的，所以眾說紛紜，好好壞壞都難有標準。好比在黑道的老大，也是掛頭牌的，但要付出多少的犧牲與辛苦，才能讓人服氣。

在佛教裡面，一些年輕的僧侶都想爭取一個「上中前」。所謂上中前，就是吃飯的時候希望坐在上首，照相的時候希望站在中間，走路的時候希望走在前面。當然，上中前的人物，也就是老大了，不過要做老大，也要有老大的風範、老大的能量、老大的德行，讓人家來推選你為老大。不然，你自己做老大，一再爭取老大，求榮反辱，會惹來更多的麻煩。

我在三十歲之後，臺灣佛教界的年輕人有「五虎將」之說。比我長八歲的煮雲法師，他喜歡做上中前的人物，以年齡、身材來說，都夠資格做老大，但他在做人上，由於過去出身的條件貧苦，對於金錢、利益，他就沒有那麼爽快的與人結緣。比方說，坐計程車時，他要坐前座，但從來不肯付錢；跟大家一起搭火車時，他都走在前面，但是要買票時，他就退到後面去，不肯盡老大的責任，因此大家也都取笑他。

比我大三歲的廣慈法師，條件優秀，身材高大，佛門的規矩、法器、唱念都很相當，他的經歷也比我強許多，那時候也受到許多歡呼與尊重，但似乎也看不出來他是不是計較要做老大或老二。

另外，佛學能量很強、人品高尚的心悟法師與心然法師，他們的態度謙虛，年齡好像比我還小一、二歲，所以在五虎將當中，他們也不爭取名位。我的個性比較慷慨好義，歡喜與人為善，肯自我犧牲，因此大家就說要推選我做老大，認為既然是五虎將，總要有個頭。

但是這個時候，在佛教界裡面，諸多有為的年輕人都紛紛加入，有的從香港而來，有的從中國而來，有的從新馬各地匯集到臺灣，對於佛教裡所謂青年僧團，哪一個人做老大，就有許多計較。為了免除許多人我的關係，我自己就歡喜落單，有如獨行俠一樣。

活在眾中以身做則

當我去宜蘭後，在那裡只有我一個人，二、三十年的歲月中，老大也是我，老小也是我，無高無下、無大無小。之後有機緣到臺灣南部，南部沒有外地的法師。我在南部和臺灣當時的出家人前輩、晚輩也都相處友善，沒有什麼老大、老二的名次前後之爭，大家都不計較。

後來，四十歲在佛光山開山，到五十八歲退位期中，近二十年的歲月，已經有幾十個董事長的名位，也有許多會長、主任委員的頭銜。例如，當時臺灣佛教會召開會員代表大會，在壽山寺舉行，大概有九十八個人出席做代表，我以九十七票領先。我只覺得，臺灣南部的因緣，跟我非常契合。想到這裡也沒有人事爭取名位，也不跟人家有利益衝突，也沒有人用地域觀念排擠我，也沒有人喜歡爭取做老大，所以就留在南部發展。雖然是孤身奮鬥，也儘管信徒眾多，但我倡導四眾平等，不覺得自己是領袖，而是眾中的一個。就這樣，在名次的排名上，或前或後，我也不太計較。大部分由我掛牌負責，沒有覺得特別榮耀，也沒有覺得有多偉大，因為我倡導團隊精神，主張集體創作。

經常有人問我，佛光山千餘名的僧眾平安無事的妙訣，其實沒有。我只是遵從佛陀的指示，四眾平等，我在眾中，以身作則。我自己創造出「你大我小，你有我無，你對我錯，你樂我苦，你閒我忙」的行事原則，我不計較，也不和人比較，其實這樣的人生還是非常順意的。

所以，一直以來，電臺、報紙、佛教專科學院，或者是哪裡的頭銜，我也搞不清楚，光是在大學，我就有五個大學董事長的稱號，也是幾十個大學的榮譽教授、二十多個名譽博士。嫉妒我的人，有之，破壞我的人，有之，但是沒有人和我爭取。所以當老大、老二，我都沒有感覺。

臺灣實施自由民主，歷次選舉的候選人都會爭取選票，但我一生都沒有爭取過選票。到了今日，自覺有幾句話可以為自己定名「生於憂患，長於困難，喜悅一生」。

不過，到了現在發現一個奇妙的問題，世界佛教徒友誼會要我擔任「永久榮譽會長」，我還跟他們講，佛教說世間無常，哪裡有什麼永久會長，但是他們每次來信函通知，我還是永久榮譽會長。

國際佛光會成立後，大家要我列名「總會長」，做過內政部長的吳伯雄居士，都一再自謙願意做我的副會長。甚至於中國要組織梵唄讚頌團到世界各地表演，有四大教派共同合作，當時的中國國家宗教局局長葉小文先生也要我列名為「名譽團長」。其實，關於排名，我不爭前後，人生只要你努力，大概一切都會實至名歸吧！

像最初辦育幼院，要登記董事會，需選董事長，沒有人和我爭，後來要辦老人院，建設前也要選董事長，再後來的人間衛視、《人間福報》等都要有一個董事長，也沒有人跟我爭。乃至辦西來大學、佛光大學、南華大學，我好像都順利地就當選了董事長。多年來拜託徒弟，才慢慢說服由他們承擔，目前也都由他們擔任了。所以，有的時候也不需要爭取，因緣到了，一切都是你的；因緣不到，勉強得到的，也不自然。

然而，世間是一半一半的。人生不要自得，因為再怎麼偉大，頂多就在你這一半裡有一席之地，還有另外一半的世界，就不見得是你所有了。例如，臺灣的中國佛教會會長一席的爭取者變多了，因為做到會長，可以發展理想，可以提升佛教，可以為大眾服務。可惜，有的人都不是為此爭取位子，只是為了最高名位，並沒有理想，也不想為佛教服務，這只會讓佛教沒有進步，甚為佛教的前途慨嘆。我也擔任過多次佛教會常務理事，名次老二、老三，也沒有什麼計較。因為在佛教僧團裡，我深諳佛教的倫理和輿論，我不敢和人較量。

在臺灣也有個奇妙的現象，有人往生之後的訃聞上，把我列名做副主任委員，我卻從來沒有接過通知，也沒有經過選舉，不知道這個副主任委員從哪裡任命的。但也看到有的人無論是年齡、學歷、事業、戒臘上都未能超越我的情況下做了主任委員，每次自己這樣意外地做了老二，想想也覺得不錯，人的一生也沒有什麼，仗著亡者的功德，可以做個副主任委員，也還算受人尊重，感到萬分榮幸，也心安理得。

我早年回中國探親三次，住在南京。中國佛教協會前會長趙樸初居士，八十歲高齡了，每一次都從北京到南京來跟我盤桓、談話大約一週左右。無錫靈山大佛的董事長吳國平先生就一再說，因為我到南京的因緣，趙居士運用地位，拍板決定興建大佛，感謝我成就了這一段因緣。甚至，他還想在靈山大佛左近建一棟房子給我居住，當然我是不敢接受，這又不是我的功勞，在中國復興、弘傳佛教的過程中，我們也只是在各種的因緣裡，給人一點因緣而已。

我想起到馬來西亞訪問時，竺摩法師、金明法師都是我的前輩長者，但每次他們一定要我站在中間主法，自己站在我邊上做二座、三座。他們這樣的謙虛，想必在佛門裡一定都經過一些嚴格的訓練。中國無相長老、松純長老、性空長老等都是我的同學，每次法會的排名應該在我的前面，但他們總會以種種辦法把我推到前面，自願在後面做老五、老六。面對這許多長老的風範，在名次方面，我們有的時候還不及他們的修養，只能用慚愧心再加以精進。對於排名次序，做到所謂名實相符，才為重要。

關於排名前後，今後世界上的人事之多，對於名次必有計較，只有把自己對名次的因緣略敘如上。其實，大家最好能前能後、能大能小、能有能無、能多能少、能上能下、能苦能樂、能冷能熱、能早能晚、能飽能餓，做一個無所不能的人，那才是人生修行第一法。

所以，在佛門裡面，過去的老師教我們，要知道苦惱，要知道慚愧，要知道對別人的尊重，知道對別人的包容，這才是自己的生存之道。

——星雲大師全集／人間佛教論叢 1

星雲大師小語

人是一個、命是一條、心是一點；我盡我的一點心、盡我的一條命，把生命擴大到全世界。就像一滴水融入到大海之中，隨著大海的水，慢慢就能擴大成無限；又好比一滴水澆在花草上，讓花草的生命得以多彩多姿的發展。這一點水看起來不多，卻是無限。

——摘自《星雲大師全集／佛法真義2．同體共生》

認錯，要有勇氣——放下己見，虛心求教

春秋戰國時代，有一位生性固執的男子駕著馬車，往北方行去，途中遇到多年的老友。

朋友問他：「你要往哪裡去？」

這位男子回答：「我要去楚國。」

朋友一臉狐疑地問道：「楚國是在南方，你往北方走，是背道而馳啊！」

男子辯駁：「沒關係！我的馬非常優秀。」

朋友無法理解，又問：「即使是一匹良駒，日行千里，但方向錯誤，還是沒有辦法到達目的地啊！」

男子還是非常不以為然地說道：「你不用費心！我有足夠的旅費。」

朋友說：「你就是有再多的旅費，但路的方向畢竟是不對的，你怎麼能到得了楚國呢？」

朋友雖然再三告誡他，這位男子仍然堅持己見，說道：「不打緊！我還有一個善於馭馬的好車夫。」

總之，任憑朋友如何分析解說，男子依舊執著自己的理由「死不認錯」。這就是人的愚痴，人的執著！

我們不要以為這只是一則故事罷了，其實，類似的事情也經常發生在現代的社會。

我曾經看過一個慈愛的母親因為女兒即將到寒冷的山區旅行，怕她凍著，所以就和女兒說：「乖寶貝啊！妳去的地方很冷，不要只顧到漂亮，要多帶一點衣服去啊！」

女兒回答：「不必了，冷的時候隨便到什麼地方都可以買到一件毛衣。」

母親不放心，說道：「寒帶偏遠的地方，通常很難找得到一家店面。」

女兒還是說：「沒關係，我可以找一個人家商借一件。」

母親說：「越冷的地方，人煙越稀少，妳到哪裡去商借呢？」

女兒說：「萬一真的冷得沒辦法，我馬上回來，不就得了。」

無論母親如何叮嚀囑咐，殷殷勸誘，女兒就是不肯多帶一點衣服預備。「死不認錯」就是一般人的通病，所以「認錯，要有勇氣」，我一生都將這句話當成自己的座右銘。

一九七一年，我想將朝山會館的建築列為佛光山第一期工程。因為我認為現代佛教應該和社會大眾結合為一體，能夠提供好的食宿，才能讓信徒安心歡喜地朝山拜佛，所以建議設立一座美輪美奐的朝山會館，不料很少信徒支援這項建設，眼看工程無法進行。有一天，慈惠法師對我說：「臺灣的信徒根本不懂什麼叫做『朝山會館』，他們只希望有殿堂可以拜佛，師父應該先建大雄寶殿才對。」我一聽，覺得他的話非常合理，於是立刻修正，因此佛光山後來的建設一直非常順利。假如當初我只憑理想，沒有「認錯的勇氣」，又何能有後來的方便呢？

勇於改正獲機緣

我提倡僧團的民主，效法佛陀時代的三番羯磨。每次在佛光山開會的時候，難免有一些徒眾的意見與我不同，但只要合理，我立刻修正，所以我自許是一個「從善如流」的人，很怕徒眾認為師父也是一個「死不認錯」的人，久而久之，上焉者不敢違抗，只會唯唯諾諾，沒有深思遠慮；下焉者遵循效法，只知指責別人，不能檢討自己。這樣一來，佛光山哪裡能突破創新，為眾謀福呢？

以我多年來授徒的經驗，凡是能夠接受教誨，「勇於認錯」的人，大多進步得快；凡事覺得自己全部有理，「死不認錯」的人，大多在原地踏步。像我常勸一些徒眾既然不長於讀書，就要及早學習其他技術，但他們卻執著己見，不肯「認錯」，結果花了許多年的時間鑽研學問，才發現走錯了路，後悔莫及。另有一些徒眾做事不能顧全大局，懶惰又不和眾，經過一再訓誡，還「死不認錯」，到頭來沒有一個單位肯要他做事。還有一些徒眾溜單以後，雖然知道自己錯了，卻沒有勇氣向大眾「認錯」，只得流浪在外。我雖有心寬容接納，基於宗門法規，也只有徒呼奈何！

因此，人一生際遇的平順安危，其實和自己能否「認錯」有十分密切的關係。甚至古往今來，無論一個國家或一個團體，主事者乃至組成的分子，能夠「認錯」與否，往往就是成敗得失的關鍵所在。像項羽之所以在楚漢之爭中飲恨敗北，就是因為他剛愎自用，所以眾叛親離，最後自刎於烏江，臨終前還死不認錯，喊著「天亡我也！天亡我也！」三國名將周瑜，因為心胸狹窄，妒賢嫉能，錯失聯蜀滅魏的機會，卻不知反省，反而感嘆「既生瑜，何生亮？」終致英年早逝。反觀劉邦和曹操，一個原本籍籍無名，一個被世人稱為奸雄，卻因為能聽從諫言，改正過失，而成就霸業。

尹仲容先生在一九五〇年間擔任外貿會主任委員時，頒布了「中藥限區採購辦法」，三天後發現資訊判斷錯誤，立即取消前令，並且集合媒體，公開向大眾「認錯」道歉，當時有記者問他：「你這不是朝令夕改嗎？」他率真地回答：「知道錯了還不改正，這還了得？」由於尹先生實事求是，及時改正的風範，在當時引領臺灣經濟快速發展，至今仍為許多人懷念不已。嚴長壽先生被聘請到臺北圓山飯店擔任總經理時，原本意氣風發，很想有一番作為，但不久之後就遞上辭呈，因為工作人員無法改掉威權時代的習氣，「死不認錯」、配合困難，嚴先生眼見無法改進，只得拂袖而去。

凡此都說明了「認錯要有勇氣」，能夠「勇於認錯」，才不會失去發展的契機。

記得在數十年前，因為臺北到佛光山路途遙遠，北部的信徒紛紛請求佛光山在臺北設立道場，好讓他們可以常常聽經禮佛。我也很想滿足大家的需要，所以四處打聽，看看有沒有適合的場地。最初我們看中民權東路行天宮對面的一塊土地，透過一位經紀人接洽，雖然一坪的價錢不及市價的三分之一，但佛光山還是負擔不起，結果失去了這次的機會。後來，那塊土地上面起了一座大廈，每次坐車經過時，我的心裡都會生起一陣惋惜，總覺得對信徒虔誠的心意抱愧無比，因而發願有一天自己有能力的時候，必定要在臺北建一座空間寬敞的現代化道場。後來，信徒聽說此事，有感於我為了不能給大家一處好地方拜佛而「認錯」、難過，便發起大家協助出資。一九九四年，終於買下信義區一棟大樓中的幾個樓層，集臺北道場、中華佛光會總會、佛光緣美術館、佛光緣滴水坊於一處，實現我多年來對於現代佛教建築的四個理想：傳統與現代結合、僧眾與信眾共有、修持與慧解並重、佛教與藝文合一。

虛心認錯獲尊重

一九九一年夏季，因為耐特颱風來襲，山洪暴發，雨水成災，造成臺灣南部地區一片汪洋澤國，佛光山東山的砂石也流失不少。當時我人在國外，聞後匆匆趕回，看到坍方流失的土石及滿目瘡痍的坡地，真是一陣傷感，但我沒有責怪主事的職事照顧不周、防範不嚴，反而召集寺眾，對大家說道：「這次意外事件怪我當初沒有用心把擋土牆做好，讓常住遭受損失。」徒眾們聽了之後，都異口同聲地回答：「這不是擋土牆做得不夠穩固，而是我們沒有隨時清理水道。」

我們師徒互相認錯，於是大家同心協力、奮力搶救，甚至邀請第八軍團研究大地工程的工兵營上山協助，很快東山又恢復以往的寧靜美好。從這件事，我深深感到一個人要肯「認錯」，才有人樂意幫忙。因此，所謂的「廣結善緣」，不光是噓寒問暖，解衣推食就夠了，還應該在有「錯誤」的時候，能夠做到「嚴以責己，寬以待人」。

中國古時凡有災禍，皇帝就下詔罪己，以求撫平人心，在今天民主時代的西方也有類似的情況出現。像一九九八年時任美國總統的柯林頓（William Jefferson Clinton），因為緋聞案而鬧得滿城風雨，舉世皆知。剛開始柯林頓不肯認錯，對大法官做不實的證辭，結果引起民眾反感，險遭國會議員彈劾，所幸他後來勇敢站出來，公開向全美國的人民道歉，終於獲得民意支持，而穩住總統的寶座。可見一個人唯有「勇於認錯」，才能獲得大家的諒解，才有機會重新做人。

久遠以前的哲學家蘇格拉底（Socrates）在臨終時，猶念念不忘欠了鄰人一隻雞無法償還，直至今日沒有人批評蘇格拉底的貧窮，反而稱道他是一位坦然率真的哲人；西元前三世紀統一全印度的阿育（Aśoka）向小沙彌賠罪，自古以來沒有人恥笑阿育王以九五之尊禮拜道歉，反而同聲讚美他「勇於認錯」的美德。所以「認錯」不但不會失去自己的身分，反而能贏得更多的尊重。只可惜很多人不明白其中的奧妙，行事強橫、不肯低頭，最後自己成了最大的輸家。

記得三十多年前，雷音寺首度重建時，一再商請門口的民房讓售搬遷，以便道場的整體規劃，雖經多次提出優惠的方案，屋主卻始終執著己見，不肯利益別人。後來信徒因共修時進出不便，也多次好言勸告，對方還是依然故我，不肯讓步，也不肯給人方便，結果招引眾怒，真是損人又不利己。

佛光山開山不久，請了附近一位鄉民為我們做雜工。我曾請他幫忙買些果樹的幼苗種在寺的周圍，沒想到他買了之後就種在自己的土地，而且暗中修築水道，將寺院用水引到他的田園灌溉，還向人誇耀他的土地是黃金之地，猶如黃金一般寶貴。但我心裡不禁想到，你的果樹黃金都是因為佛光山而有，這有什麼值得引以為榮呢？

後來，我為了建大雄寶殿，向他情商購地，他的土地一日三漲，我問他：「你的名字叫做『祝成』，為什麼沒有『助成』的習慣呢？」

他一副理所當然的樣子，答道：「每個人都要為自己打算，我不助成是應該的。」

結果就因為他凡事不助成，引起大家反感，一致決議不再用他，後來聽說連家人都不理睬他，這就是沒有人緣的後果。

許多人問我「為什麼所到之處，都能受人歡迎？」我自覺一生最大的長處就是能明理，肯「認錯」，因此無論長幼尊卑都喜歡和我在一起。

記得一九四九年，臨別中國到臺灣之際，曾有一位不認識的鄰居想到臺灣參加女青年大隊，請我到臺灣後，替他查問可行與否。因為我也是匆匆來臺，什麼狀況都不了解，後來國共戰爭斷航斷訊，造成他無法來臺。雖然當時是因時局變化太快，而非故意推諉拖延，但心中一直感到內疚。四、五十年之後，我特地請他和家人一起到香港、馬來西亞、泰國等地一遊，以表達「認錯」的誠意。看到他和家人遊罷東南亞、滿面春風、笑容可掬的樣子，我也同感歡喜。

真誠檢討獲祥和

有一年，我率團到印度朝聖，途中請購了一尊石佛，拜託團員之一的蔡滄洲居士運回臺灣。事後發覺這尊石佛重量達一百公斤，不知蔡居士是如何運到臺灣的。想到自己當時只知道請購，卻全然沒有顧及別人搬運的辛苦，心中油然生起一股深深地歉意，後來我不時到他開設在善化的亞洲麵包店買麵包，以彌補自己的無心之過。蔡居士多年來，一師一道，護持佛光山，雖然不是因為我經常買他的麵包，但我能夠「勇於認錯」，相信對於師徒之間道情的維繫應該也有助長之處。至今這尊佛像陳列在佛光山寶藏館內供人觀賞，蔡居士佛國有知，當會原諒我的無知之失。

從小在美國留學長大的覺穆，在德州大學建築系畢業之後隨我出家，回到臺灣後，一心想進佛光山叢林學院研讀佛學，因適逢佛光山籌建南華大學，正好需要他的專長，所以要他先到大學籌備處幫忙。只見身軀瘦弱的他，南北奔波不停，時而到嘉義大林的南華大學監督施工進度，時而到宜蘭礁溪的佛光大學了解工程狀況。雖然他表示心甘情願如此，但我還是覺得不忍，所以每次看到他回山，總要多給予一些招呼，也算是一種聊表心意的補償，沒想到他卻更加賣力地工作，而後更成為了淨土文教基金會的副執行長。

出家學道一甲子以來，應事接物，使我悟出了一個做人的道理「你對我錯，你好我壞，你大我小，你樂我苦。」我不但將這個「四句偈」掛在口邊教育徒眾，而且經常引用一則故事來說明它的道理。

從前有一戶姓張的人家與一戶姓李的人家毗鄰而居。張家經常吵鬧不休，李家卻和睦互敬。

有一天，張先生問李先生：「為什麼你們家到處充滿歡樂，我們家卻天天像個戰場一樣？」

李先生回答說：「因為你們家都是好人，我們家都是壞人。」

張先生不解其意，問道：「此話怎講？」

李先生答道：「譬如，在我們家，如果有人將茶杯打破了，一定有人趕快跑去認錯：『是我不好，把杯子放得太靠邊了，害你滿身都弄濕了，有沒有傷到手啊？』打翻的人也會連忙說：『沒事，沒事，是我自己不小心，對不起，讓你嚇著了。』但是，這件事如果發生在你們家，打翻的人會說：『是誰這麼沒大腦，把杯子放得這麼靠邊，害我全身都弄濕了？』另外一個人就立刻反駁：『是我放的杯子，怎麼樣？你自己不小心，還要賴到別人身上！』就這樣你一言，我一語，大家都不肯認錯，當然就不會安寧了。」

依空法師的弟弟張進輝居士在普門中學教書，育有兩名天資聰穎，活潑可愛的兒子。有一天，他正為教育孩子的問題而傷腦筋時，聽到我上述這番話，覺得很有道理，馬上拿回家去應用。在餐桌上，兒子抱怨飯菜不好吃，張居士馬上滿臉愧疚地說道：「都是爸爸沒有用，爸爸不能賺很多錢，不能提供你們很好的生活。爸爸對不起你們！」

兒子們聽到爸爸「認錯」，反而覺得又感動，又赧然，兩個人一致說道：「爸爸最偉大，我們要好好念書，將來用最好的東西來孝順爸爸。」

可見「認錯」沒有大小之分，只在於我們是否具有「勇氣」；而能夠真誠「認錯」的人，才能夠處處祥和，一片歡喜。

佛教十分注重「認錯」的修持，除了有各種懺悔法門之外，叢林道場選任住持當家，也以是否有供養大眾，「勇於認錯」的美德作為標準之一，因為有「認錯勇氣」的人才能夠以身教領眾、教眾、服眾、和眾。像晉朝的法遇禪師，是江陵長沙寺的住持，有一天收到師父道安大師寄來的荊杖，立即領悟這是師父在訓誡他，因他不久前對一名沙彌喝酒只略施處罰而沒有遷單。於是立即鳴鐘集眾，向荊杖燒香致意，表示敬領師訓之後，便伏在地上，命維那師杖笞三下，並且垂淚自責，此後僧俗四眾更加精進道業。禪門語錄中更是充滿師徒之間以喝罵論道的公案，不但徒弟在錯誤時，能夠勇於認罪，即使老師不對，也有俯首道歉的雅量。正因為如此，禪宗能以活潑伶俐的道風流傳久遠。

所謂「不怕念頭起，只怕覺照遲」、「放下屠刀，立地成佛」，人不怕犯錯，就怕沒有「認錯的勇氣」。在今天開放的時代，常看到坊間書籍及知名人士都在鼓勵大家「前進，要有勇氣」、「表達，要有勇氣」，我常想是否更應該提倡「認錯，要有勇氣」的精神，因為唯有父母與子女之間、老師與學生之間、老闆與伙計之間、長官與屬下之間都能具有「勇於認錯」的美德，我們的國家才能更進步發展，我們的社會才會更溫馨祥和。

——星雲大師全集／往事百語 4

星雲大師小語

慚愧心、羞恥心能幫助我們勇於面對缺失，激勵自己向上提升，是每個人心中無上的財富。今日社會，要想讓一個人有所成就，從幼童時期就應該培養他有慚愧心、結緣心、感恩心的良好品格。一個人如果能時時提起一念慚愧、一念反省，清淨自性就能慢慢提升，人格道德自然會日趨圓滿。

——摘自《星雲大師全集／星雲說偈1．慚愧最美》

天堂地獄一念之間

——多面向思考，練習轉念

在我弘法的歲月中，經常有人問我，「天堂與地獄在哪裡？」我都回答說，「天堂與地獄在哪裡，可以分三個層次來說：第一、天堂在天堂的地方，如三界二十八天、欲界三十三天；地獄在地獄的地方，像十八層地獄、無間地獄。第二、我認為天堂與地獄就在人間，住花園洋房、生活富貴榮華的人，就好像在天堂裡；侷促在陋巷小室裡的人們，因無錢、無力而苦惱，就好像是在地獄。其實，真正的天堂與地獄在我們的心裡。這第三種講法，是說人們心情愉快、滿足、歡喜、安樂的時刻，就像在天堂裡一樣；人們的心裡充滿貪欲、瞋恨、嫉妒、無明、怨恨的時候，就好像在地獄裡一樣。一個人在一天當中，時而天堂，時而地獄，來回不知多少次，因此我認為『天堂與地獄在一念之間』。」

「天堂與地獄在一念之間」，如果你能懂得其中的深義，就會了解人生不要光顧心外的生活，最重要的是要建設內心的「天堂」，如果心內的「天堂」沒有建好，把憂悲苦惱的「地獄」留在心裡，就會帶給你苦不堪言的人生。所以吾人在世間上生活，就算身處「天堂」，如果不能認識它的美好，天堂也會轉變成為「地獄」；如果你懂得以佛法來處理困境，轉化厄運，那「地獄」也可以成為「天堂」。佛經裡告訴我們，如果沒有福報，就算在天堂裡也會「五衰相現」；如果有慈悲願力，「地獄」也會成為「天堂」，像地藏王菩薩發出「地獄不空，誓不成佛」的弘願，累劫以來在「地獄」裡辛勤度眾，但我們認為地藏王菩薩永遠是在「天堂」裡生活，因為他心中的「地獄」早就已經空了；佛陀雖然降誕在娑婆世界，我們也不認為佛陀生在五濁惡世，因為佛陀是在淨土法性的境界裡生活。還有觀世音菩薩抱持悲心尋聲救苦，所以熾烈的火焰也化為朵朵清涼的蓮華；富樓那尊者抱定堅決的意志到邊地去度化惡民，所以在別人眼裡如「地獄」一般的邊地，在他眼裡卻如「天堂」道場般的自在。

此外，歷代以來，多少偉大的仁人志士即使被冤囚囹圄，卻不忘濟世利生的抱負，像司馬遷在監獄中完成不朽的巨作《史記》，甘地在監獄裡能爭取到印度的獨立，反觀有許多人雖住高樓大廈，卻痛苦不堪。所謂「心中有事世間小，心中無事一床寬」，如果你擁有慈心悲願，牢獄也可以當作天堂；如果你整天煩惱愁腸，心中充滿怨恨不平，天堂也是地獄。像一些犯了罪的人，縱使僥倖沒有受到法律的制裁，但是每天住在「心裡的牢獄」還是不好過。

一念之思化為轉機

我數十年的出家生活，也是經常在「天堂」、「地獄」的門前徘徊，感謝佛法的妙意，讓我在受諸苦難的時候，信仰中的正知正見指引我，讓我能甘之如飴，例如叢林十年的參學期間，在缺衣缺食的生活裡，在無錢無緣的遭遇下，我總能生起善美的「一念」，認為這是難得的磨鍊，所以能夠無怨無尤地接受；不公平的委屈、不應有的難堪紛至沓來時，我也往往浮現光明的「一念」，視之為「當然」的教育，因此也能夠心安理得地度過，就這樣，我經常在「地獄」的門口轉身再回到「天堂」裡。

經典中記載，大迦葉尊者在塚間修行，日中一食，佛陀見他年邁，勸他遷住精舍，但他卻感到自己如居「天堂」。顏回「居陋巷，一簞食，一瓢飲，人不堪其憂」，而他卻覺得住在「天堂」，所以「不改其樂」。桃水和尚整天和乞丐生活在一起，還不忘讚美生活的灑脫，因為他坦蕩直心，即使身臥臭穢，也如處在「天堂」一般任性逍遙。禪師云，「熱的時候到熱的地方去，冷的時候到冷的地方去。」人皆怪之，禪師卻認為是修行的最好方式，因為他體會到，若在任何處境下都能甘之如飴，當下就是「天堂」了。

回想起來，實在慚愧自己不才。記得在受戒的時候，每天凌晨三點起床，夜間十點睡覺，老師每次講戒，戒子們都得跪著聽講，每逢早晚課誦，往往才拜到地上就睡著了，老師用腳踢我的頭，才知道趕快爬起來；有時候在丹墀裡跪久了，小石子陷在膝蓋裡，當使勁拔出來的時候，往往血流如注。有人說這好像是「地獄」裡的生活，好在我即刻提起「一念」，「我要能經得起『地獄』的磨鍊，才能堪受佛法大任。」如此念念相續，才讓我得以圓滿受戒。在叢林修學期間，每天三餐不飽，經常餓得心中發慌，四肢發抖，每值隆冬深夜，大雪飄飄，唯有將自己縮成一團，才聊以禦寒。有人說，這像「寒冰地獄」、餓鬼畜生的生活，幸虧當時心中生起「一念」，「佛陀在修道時，不也曾以馬麥充飢，我何不能？」就這樣在面臨地獄、餓鬼、畜生等惡道般的境界時，幸賴佛陀的慈光加被，將我一次又一次地引導進入「天堂」的世界。

我對人曾經也起過不少瞋恨的念頭，我在生活裡也曾經不止一次地執著妄想，還好經常在面臨「地獄」的邊緣時，有佛法以為指南，所以能將「一念」迷惑轉為覺悟，「一念」煩惱轉為解脫，「一念」怨恨轉為慈悲，「一念」地獄轉為天堂。感謝自我的「一念」，讓我在面臨挫折時能夠化解，讓我在遇到困境時能夠回轉，所以我一直倡導人生應該要回頭、轉身、改心、換性，為什麼呢？因為心中的煩惱無明是「地獄」，心中的菩提正見是「天堂」；心中的憂悲苦惱是「地獄」，心中的安樂幸福是「天堂」；感受的委屈不平是「地獄」，意會的平等和諧是「天堂」；自私執著是「地獄」，大公正直是「天堂」；貪欲瞋恨是「地獄」，喜捨願力是「天堂」；懶惰懈怠是「地獄」，勤勞精進是「天堂」；愚痴無明是「地獄」，般若智慧是「天堂」，「天堂、地獄在一念之間」，只要我們將心中一念的「地獄」摧毀，用自己的正念在心中建設永恆的「天堂」，就可以使我們遠離顛倒夢想，所謂「地獄除名，天堂有份」，何樂而不為呢？

過去，信徒問一位禪師說「天堂與地獄在哪裡？」禪師即刻將他的頭按在水桶裡，經過一段時間，禪師才放開雙手，讓他的頭冒出水面。禪師問他：「水中的滋味如何？」他回答：「像在『地獄』一樣。」禪師又問他：「現在出水之後感覺如何？」他說：「像在『天堂』一樣。」我們一般人不也如同這位信徒一樣，沒有經過水下呼吸困難的感覺，不了解本來的生活就是「天堂」。

一位家財萬貫的董事長居住在高樓上面，時常為經濟周轉運用而擔心，為員工要求加薪而煩惱，祕書勸他把煩惱送給住在高樓下面陋屋裡的一對年輕夫妻，富翁問：「如何送法？」祕書說：「給他們一百萬就可以辦到。」富翁起初不甘願，經過解釋之後，親自送上一百萬元。這對年輕的夫妻收到巨款，起先歡喜不已，後來為了如何將這一百萬收藏妥當而左思右想，一夜無法成眠，才知道上當了。第二天，他們趕緊把一百萬元還給富翁，並且說道：「你的煩惱還是還給你吧！」

所以，不懂得金錢，金錢就是「地獄」；不懂得感情，感情就是「地獄」；不懂得人我相處之道，人我相處就是「地獄」；不懂得經營事業之道，事業就是「地獄」。因此，天堂地獄在哪裡呢？「天堂與地獄在一念之間」，如果不懂得這「一念」之間的奧妙，即使當下的生活就是美好的「天堂」，也會被轉為苦惱的「地獄」。

珍視生命建設天堂

古人說「天堂和地獄」，只在知足與不知足的分別；知足的人雖臥地上，也如同「天堂」，不知足者雖處「天堂」，亦如同「地獄」。我經常在世界各地雲遊弘法，在不少國家看到不少非法入境的民眾寄人籬下，辛苦工作之外，還要躲避警察的搜查，但他們依然充滿著求生的鬥志、努力打拚，只為了能在異鄉找到一個落腳的「天堂」；但是也有許多有錢的子弟出國深造定居，甚至於一些青年佛子興致勃勃地發心到海外弘法，但當他們一接觸到不同的語言、文化、生活習慣、風俗民情時，便覺得身在異域如同在「地獄」一樣無法接受，可見哪裡是「天堂」？哪裡是「地獄」？很難有一定的標準。

在西太平洋的美加等國，科技發達，物質豐富，真有如置身「東方琉璃淨土」一般，但許多移民居住不久，又再返回家鄉，重起生活的爐灶；在南半球大洋洲的澳紐等國，陽光充足，空氣新鮮，水流潔淨，土地平廣，真有如處在「西方極樂世界」一樣，但很多移民不能安住，卻又回流故里為稻糧謀。由此可見，「天堂」自有「天堂」的福德因緣，這就好比牛棚是牛的「天堂」；豬圈是豬的「天堂」；山林是獅虎的「天堂」；海洋是魚蝦的「天堂」。所謂「金角落，銀角落，不及自己的窮角落」，只要自己能夠安心自在，到處都是「天堂」。

回想一九五三年我初抵宜蘭雷音寺的時候，寺中沒有廁所設備，如要方便，必須跑二十分鐘的路程，到火車站的公廁；要閱讀寫作的時候，都得等到晚上信徒散去，把佛龕前的燈泡拉到臥房門口借光。今天在中山路邊的雷音寺占地約三萬呎，十七層大樓聳入雲霄，這證明了當初的簡陋，只要有心，也能莊嚴成為「天堂」。三十多年前，初建佛光山時，滿山遍谷高低不平，麻竹荊棘寸步難行，每次徒眾通報信徒香客來訪，光是從這一個山頭跑到那一個山頭，就足以讓我汗流浹背，但現在佛光山的建設不也被大家公認為佛教聖地、「天堂」淨土嗎？

中日戰爭逃難時，我曾在神廟掛單；兵禍避險時，也曾和數十人同擠在一個車篷裡；貧窮無立錐之地時，曾和三位同道合蓋一條棉被；在牢獄裡落難時，也曾被捆綁在梁柱上，久久不得動彈，但那些都是我通往「天堂」的路徑。感謝這些因緣，使我時時刻刻都珍視當前所擁有的一切，即使居住在窗戶不全的陋室，或是不蔽風雨的走廊通道，當我想起天地是我的天地，世界是我的世界，一股使命感油然從內心生起，「天堂」彷彿就在眼前。凡此都使我體認到不但知足常樂是「天堂」，慈悲喜捨是「天堂」，服務助人是「天堂」，寬宏大量是「天堂」，彼此體諒是「天堂」，歡喜融和更是最美好的「天堂」境界。

一九九二年成立國際佛光會以來，我在世界各地提倡「歡喜與融和」，當我看到大家實踐時，我覺得那就是「天堂」現前；我在全球各國主張「同體與共生」，當我看到大家體認萬物一如的理念時，覺得他們擁有了「天堂」；我四處宣揚「圓滿與自在」，當我看到大家都懂得奉行的時候，「天堂」儼然就在人間；一九九八年我在多倫多召開國際佛光會第七次世界大會上，以「自然與生命」為題發表演說，鼓勵佛光會的大眾尊重自然、珍惜生命，當臺下聽眾與我生起共鳴時，我感到「天堂」就在我們的四周。因此，「天堂」無須他覓，內心裡的人我和諧是「天堂」，觀念中的眾生平等是「天堂」，彼此間的尊重包容是

「天堂」，苦樂處的有無中道是「天堂」，凡事只要合乎自然的法則都是「天堂」，從而更深深感受到奉行佛法裡的五戒十善、六度萬行、四無量心、四弘誓願、三十七助道品都是「天堂」。「天堂」不但是我們自己的善心美意，也是落實在天地間每一個人生活上的嘉言懿行，更是眾生有情內心的禪悅法喜。

在我半個世紀弘法的生涯中，我自己對修行的體驗，感覺到安守本分是我的「天堂」，隨緣生活是我的「天堂」，利樂有情是我的「天堂」，安僧辦道是我的「天堂」，甚至於對人不忘一個承諾也是我的「天堂」，對人不吝布施一個笑容也是我的「天堂」，對人說一句好話也是我的「天堂」，對人一點幫助也是我的「天堂」。

我曾提倡「慈悲愛心人運動」，別人的感受我不知道，不過對我自己而言，我感覺那是我的「天堂」；後來又再提倡「三好運動——做好事、說好話、存好心」，以身口意來奉行佛法，去除貪瞋痴，覺得那也是在建設我的「天堂」。

在世界各地弘法之餘，有時候到海邊餵食海鷗，牠們與我同享麵包、餅乾，我覺得那就是一種彼此無間的「天堂」；有時候我到湖邊飼養游魚，牠們迴旋來去，悠遊自得的樣子，也讓我感受到當下就是物我一如的「天堂」。此外如黃金海岸的鸚鵡、加拿大的雁群、威尼斯的鴿子、澳洲的袋鼠等，當我們互相交會的一刻，我都覺得和牠們建立了同在「天堂」的因緣。

近年來，由於歲月增長，漸感年老力衰，更覺得要把自己身心建設成為「天堂」淨土的重要性，所以，高山原住民送我的一塊石頭，我視之如「天堂」的寶貝；印度拉達克的小女孩送我一朵野花，我也覺得那是來自「天堂」的禮物；甚至早晨的一份報紙是我的「天堂」，晚上的一本好書也是我的「天堂」；朝陽微風下的散步跑香是我的「天堂」，日落餘暉下與徒眾接心也是我的「天堂」；寧靜的自處時刻是我的「天堂」，熱鬧的集會時刻也是我的「天堂」；對諸佛菩薩的信仰恭敬是我的「天堂」，對學生弟子的開示說教也是我的「天堂」；十方法界的自然生命是我的「天堂」，一切眾生的幸福安樂也是我的「天堂」……我要好好珍惜這「一念之間」建設的「天堂」，讓它擴大昇華，希望心香一瓣，法界蒙薰，能成為世人共有的「天堂」。

在佛教裡有一首偈語說得好，「三十三天天外天，九霄雲外有神仙，神仙本是凡人做，只怕凡人心不堅。」你想要享有「天堂」的福報嗎？「天堂就在一念之間」，如果你能堅守這「一念」，不隨惡道境界所轉，諸惡莫作，眾善奉行，發菩提心，行菩薩道，把歡喜祝福布滿人間，將清靜正念安住心裡，那麼隨所在處，你都能擁有「天堂」的幸福與安樂。讓我們自己為自己的內心建設一所「天堂」吧！

——星雲大師全集／往事百語5

星雲大師小語

無私，才能容眾，以眾為我，從無私中可以擴大自我；無執，就不容易產生煩惱，就會為他人、為國家社會著想。做人處事能夠無私無執，就能開闊自己的心胸視野，進而感受到人生的幸福安樂。

——摘自《星雲大師全集／主題演說：當代人心思潮・幸福與安樂》

做最好的自己

一個國家的領導人，都希望全國人民做最好的國民；做長官的人，也要求全公司的員工都做最好的職員；學校的老師，希望大家做最好的學生；家庭裡的父母，也要兒女做最好的子孫。其實，不要從上面要求下面，應該全體平等一致，每個人都要求「做最好的自己」。

一、**要從善如流**：做人要做好自己，一定不能自以為是，執著自大，應該從善如流，凡事擇其善者而從之，如不善者應改之。現在所謂自由民主時代，更應該順應民意，隨順大眾；眾人所善者善之，眾人所惡者惡之。但是如果眾人不善，為了做好自己，也要有道德勇氣。

二、**要與人為善**：做好自己不是自己有才、有能就算數，做好自己要「與人為善」，如佛光山的信條「給人歡喜、給人方便」，就是與人為善。此外，諸如辦教育，提升社會素質；共修活動，加強人心的淨化，這都是與人為善。社會一旦獲得改善、淨化，我們生活其間，自然就能與眾共享其樂。

三、要慈悲處眾：所謂做好自己，即自己要有德行、要有慈心，要能悲天憫人，不可以用權勢、計較跟人相處，最好在處人時，以慈悲為原則。所謂「慈能與樂，悲能拔苦」，你能對人「拔苦與樂」，他人怎會不歡迎你呢？

四、要進退有禮：現在的人，若不受人歡迎，往往都是因為欠缺禮貌。跟人拜訪，事先不知會，做了不速之客；跟人講話，不懂簡單明瞭，一再重複，囉嗦冗長，讓人聽了厭煩。所以，人從出生以後，要有家教，走入社會就有社教；家教、社教好的人，所謂「進退有禮」，自能獲得別人的好感。

五、要聰明靈巧：跟人相處，眼看耳聽，隨時要懂得情況，明白該說什麼、該做什麼，表現都很聰明靈巧，自然受人歡迎。

六、要行儀端莊：我們的行為要能莊重，該說的時候說，該做的時候做，講話音量不宜太過大聲，行為不可太過狂野，所謂行儀莊重，動止安詳，才能從容處世。

七、要明理善良：一個人要讓人對你有好感，必須讓人覺得你很明理、很善良，自能贏得好人緣。所以做人寧可沒有智慧、學問，但不能不明理；世間上寧可無財無勢，但不能不善良。明理善良的人，才算有做到最好的自己。

八、要積極樂觀：每天生活要積極，要不斷求進步；每天心情要保持樂觀開朗，不可以愁眉苦臉，讓人見了心煩。積極進步的人，前途才有所為；樂觀開朗的人，才容易與人相處。所以要把自己做好，積極樂觀不能少。

做人，不必要求別人做到最好，自己做到最好才重要。己不正，如何正人？己不善，如何善人？所以以上八點，不妨試之。

——星雲大師全集／人間萬事

國家圖書館出版品預行編目（CIP）資料

讓品德成為你的即戰力：星雲大師的處世之道／星雲大師著.
-- 初版. -- 新北市：臺灣商務印書館股份有限公司, 2023.09
224 面；17 × 23 公分（人文）

ISBN 978-957-05-3523-5（平裝）

1. CST: 佛教修持 2. CST: 德育

225.87 112011362

人文

讓品德成為你的即戰力
星雲大師的處世之道

作　　者—星雲大師
發 行 人—王春申
選書顧問—陳建守
總 編 輯—張曉蕊
責任編輯—何宣儀、翁靜如
封面設計—兒日設計
內頁設計—黃淑華
版　　權—翁靜如
業　　務—王建棠

資訊行銷—劉艾琳、謝宜華
出版發行—臺灣商務印書館股份有限公司
23141 新北市新店區民權路 108-3 號 5 樓（同門市地址）
電話：（02）8667-3712　傳真：（02）8667-3709
讀者服務專線：0800056196
郵撥：0000165-1
E-mail：ecptw@cptw.com.tw
網路書店網址：www.cptw.com.tw
Facebook：facebook.com.tw/ecptw

局版北市業字第 993 號
初版：2023 年 9 月
印刷廠：沈氏藝術印刷股份有限公司
定價：新台幣 380 元

法律顧問—何一芃律師事務所